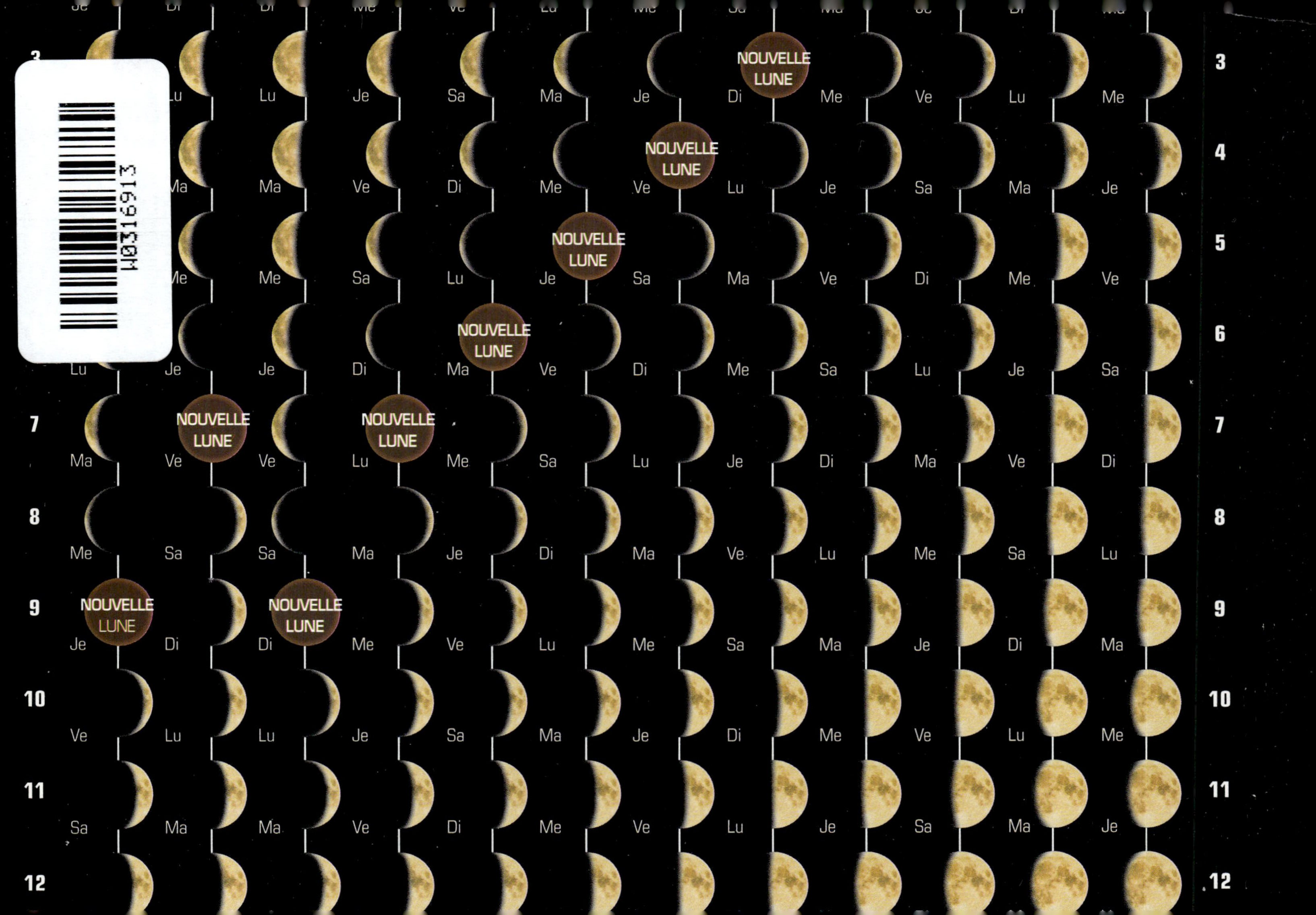
3 Lu Lu Je Sa Ma Je NOUVELLE LUNE Di Me Ve Lu Me 3
4 Ma Ma Ve Di Me NOUVELLE LUNE Ve Lu Je Sa Ma Je 4
5 Me Me Sa Lu NOUVELLE LUNE Je Sa Ma Ve Di Me Ve 5
6 Lu Je Je Di NOUVELLE LUNE Ma Ve Di Me Sa Lu Je Sa 6
7 Ma NOUVELLE LUNE Ve Ve NOUVELLE LUNE Lu Me Sa Lu Je Di Ma Ve Di 7
8 Me Sa Sa Ma Je Di Ma Ve Lu Me Sa Lu 8
9 NOUVELLE LUNE Je Di NOUVELLE LUNE Di Me Ve Lu Me Sa Ma Je Di Ma 9
10 Ve Lu Lu Je Sa Ma Je Di Me Ve Lu Me 10
11 Sa Ma Ma Ve Di Me Ve Lu Je Sa Ma Je 11
12 12

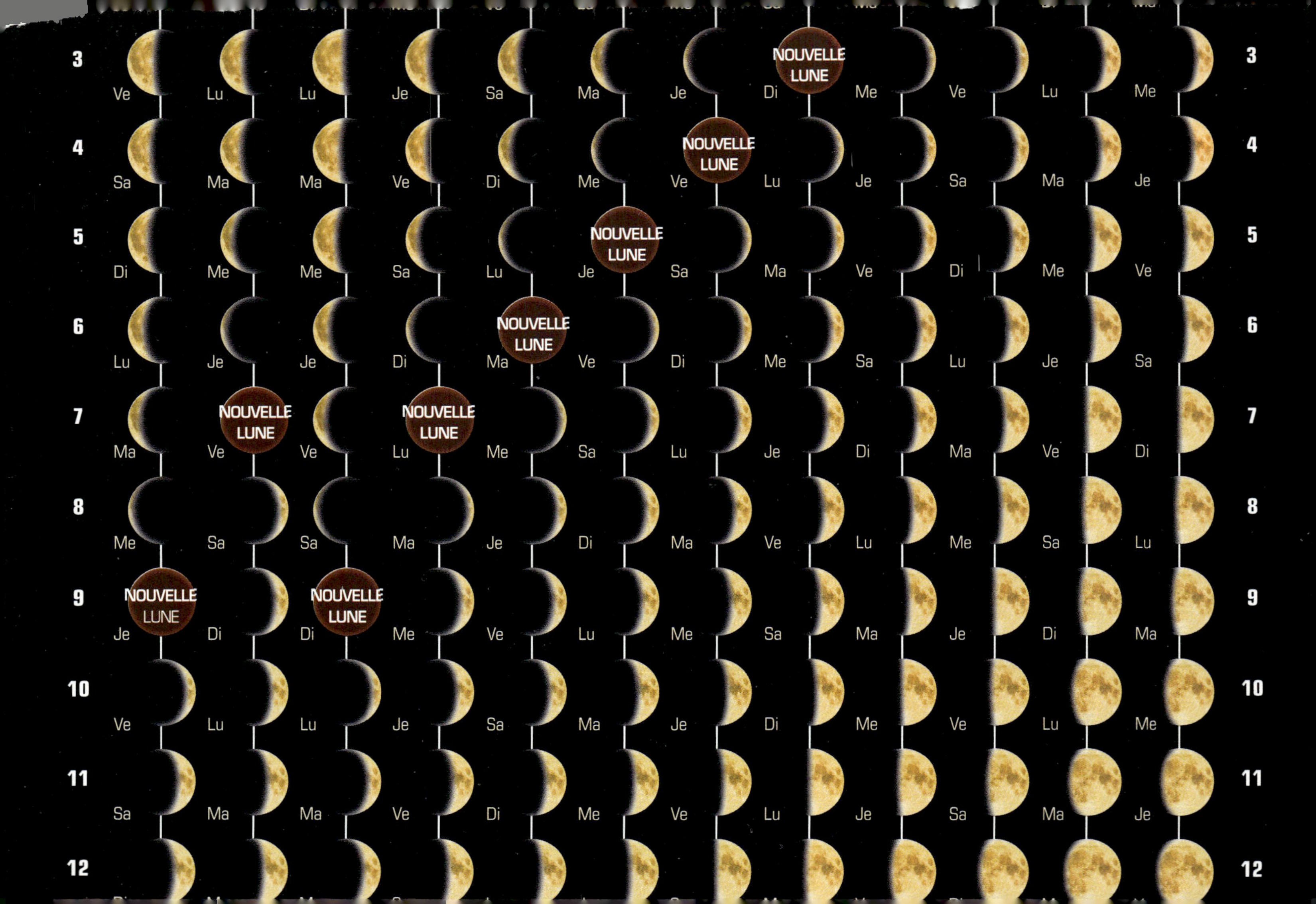
3 Ve Lu Lu Je Sa Ma Je Di Me Ve Lu Me 3
NOUVELLE LUNE
4 Sa Ma Ma Ve Di Me Ve Lu Je Sa Ma Je 4
NOUVELLE LUNE
5 Di Me Me Sa Lu Je Sa Ma Ve Di Me Ve 5
NOUVELLE LUNE
6 Lu Je Je Di Ma Ve Di Me Sa Lu Je Sa 6
NOUVELLE LUNE
7 Ma Ve Ve Lu Me Sa Lu Je Di Ma Ve Di 7
NOUVELLE LUNE
NOUVELLE LUNE
8 Me Sa Sa Ma Je Di Ma Ve Lu Me Sa Lu 8
9 Je Di Di Me Ve Lu Me Sa Ma Je Di Ma 9
NOUVELLE LUNE
NOUVELLE LUNE
10 Ve Lu Lu Je Sa Ma Je Di Me Ve Lu Me 10
11 Sa Ma Ma Ve Di Me Ve Lu Je Sa Ma Je 11
12 12

Rustica EDITIONS

1997
Le Calendrier des Lunes

	janvier	février	mars	avril	mai	juin	juillet	août	septembre	octobre	novembre	décembre	
1	Me	Sa	Sa	Ma	Je	Di	Ma	Ve	NOUVELLE LUNE Lu	NOUVELLE LUNE Me	Sa	Lu	1
2													2

Rustica ÉDITIONS

1997
LE CALENDRIER DES LUNES

	janvier	février	mars	avril	mai	juin	juillet	août	septembre	octobre	novembre	décembre	
1	Me	Sa	Sa	Ma	Je	Di	Ma	Ve	NOUVELLE LUNE Lu	NOUVELLE LUNE Me	Sa	Lu	1
2									NOUVELLE LUNE				2

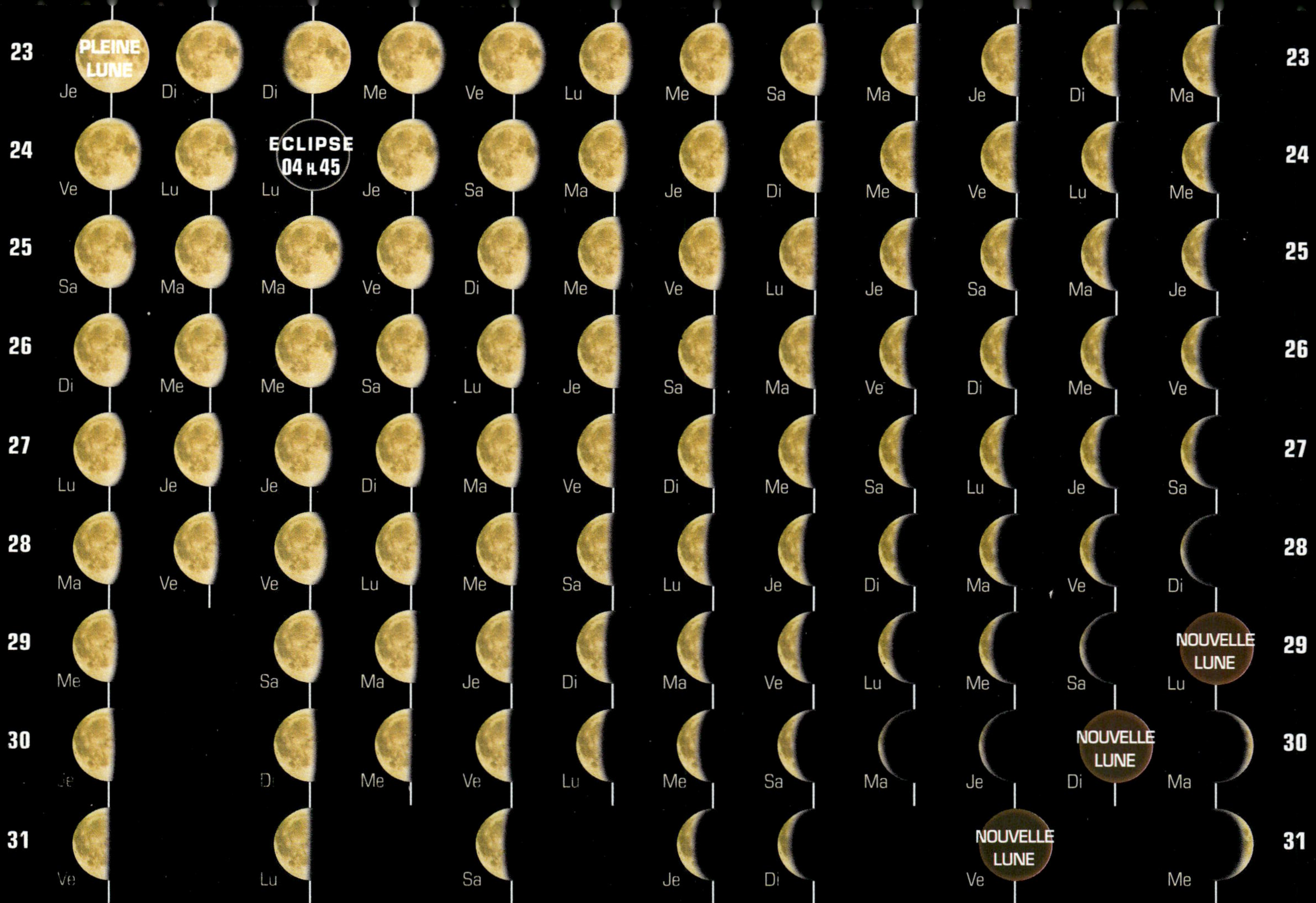
PLEINE LUNE
ECLIPSE 04 H 45
NOUVELLE LUNE
NOUVELLE LUNE
NOUVELLE LUNE

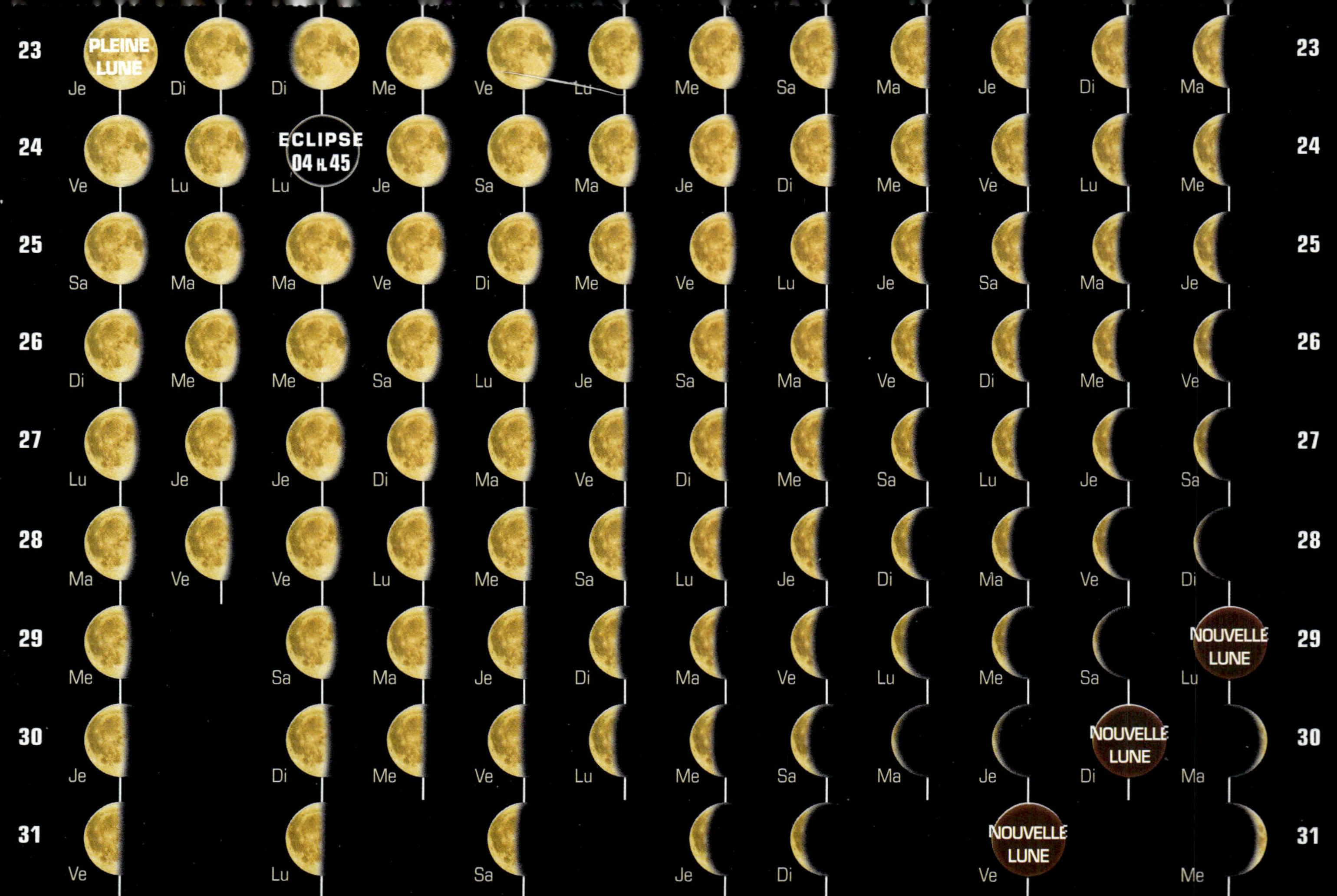
23 Je PLEINE LUNE Di Di Me Ve Lu Me Sa Ma Je Di Ma 23
24 Ve Lu ECLIPSE 04 h 45 Lu Je Sa Ma Je Di Me Ve Lu Me 24
25 Sa Ma Ma Ve Di Me Ve Lu Je Sa Ma Je 25
26 Di Me Me Sa Lu Je Sa Ma Ve Di Me Ve 26
27 Lu Je Je Di Ma Ve Di Me Sa Lu Je Sa 27
28 Ma Ve Ve Lu Me Sa Lu Je Di Ma Ve Di 28
29 Me Sa Ma Je Di Ma Ve Lu Me Sa NOUVELLE LUNE Lu 29
30 Je Di Me Ve Lu Me Sa Ma Je NOUVELLE LUNE Di Ma 30
31 Ve Lu Sa Je Di NOUVELLE LUNE Ve Me 31

13	Lu	Je	Je	Di	Ma	Ve	Di	Me	Sa	Lu	Je	Sa	13
14	Ma	Ve	Ve	Lu	Me	Sa	Lu	Je	Di	Ma	Ve PLEINE LUNE	Di PLEINE LUNE	14
15	Me	Sa	Sa	Ma	Je	Di	Ma	Ve	Lu	Me	Sa	Lu	15
16	Je	Di	Di	Me	Ve	Lu	Me	Sa	Ma ECLIPSE 18 h 51	Je PLEINE LUNE	Di	Ma	16
17	Ve	Lu	Lu	Je	Sa	Ma	Je	Di	Me	Ve	Lu	Me	17
18	Sa	Ma	Ma	Ve	Di	Me	Ve	Lu PLEINE LUNE	Je	Sa	Ma	Je	18
19	Di	Me	Me	Sa	Lu	Je	Sa	Ma	Ve	Di	Me	Ve	19
20	Lu	Je	Je	Di	Ma	Ve PLEINE LUNE	Di PLEINE LUNE	Me	Sa	Lu	Je	Sa	20
21	Ma	Ve	Ve	Lu	Me	Sa	Lu	Je	Di	Ma	Ve	Di	21
22	Me	Sa PLEINE LUNE	Sa	Ma PLEINE LUNE	Je PLEINE LUNE	Di	Ma	Ve	Lu	Me	Sa	Lu	22

13	Lu	Je	Je	Di	Ma	Ve	Di	Me	Sa	Lu	Je	Sa	13
14	Ma	Ve	Ve	Lu	Me	Sa	Lu	Je	Di	Ma	Ve PLEINE LUNE	Di PLEINE LUNE	14
15	Me	Sa	Sa	Ma	Je	Di	Ma	Ve	Lu	Me	Sa	Lu	15
16	Je	Di	Di	Me	Ve	Lu	Me	Sa	Ma ECLIPSE 18 h 51	Je PLEINE LUNE	Di	Ma	16
17	Ve	Lu	Lu	Je	Sa	Ma	Je	Di	Me	Ve	Lu	Me	17
18	Sa	Ma	Ma	Ve	Di	Me	Ve	Lu PLEINE LUNE	Je	Sa	Ma	Je	18
19	Di	Me	Me	Sa	Lu	Je	Sa	Ma	Ve	Di	Me	Ve	19
20	Lu	Je	Je	Di	Ma	Ve PLEINE LUNE	Di PLEINE LUNE	Me	Sa	Lu	Je	Sa	20
21	Ma	Ve	Ve	Lu	Me	Sa	Lu	Je	Di	Ma	Ve	Di	21
22	Me	Sa PLEINE LUNE	Sa	Ma PLEINE LUNE	Je PLEINE LUNE	Di	Ma	Ve	Lu	Me	Sa	Lu	22

Jardinez avec la Lune 1997

CÉLESTE

Jardinez avec la Lune 1997

Éditions RUSTICA
6, rue Laferrière - 75009 Paris

Tous les dessins sont de Joël Bordier, sauf ceux figurant pp. 36-37 (Dom) et p. 12 (Héliadore)

Maquette : Hors-Série, pour la partie Généralités ; Inéluctable, pour la partie Calendrier.

Photocomposition et réalisation : A Tel, Paris.

Achevé d'imprimer en septembre 1996
Dépôt légal : septembre 1996
ISBN : 2 - 84038 - 148 - 6
N° d'éditeur : 48107
Imprimé en CEE par Fournier A. Gráficas, S.A.-Vitoria

Sommaire

BIBLIOGRAPHIE

- *Histoire naturelle du surnaturel,* Lyall Watson (Albin Michel).
- *Le Jardin biologique,* Loïc Michel (Éditions Rustica).
- *La Lune, la Terre et nous,* Krista Leuck (Éditions Pauvert).
- *La Météo et vous,* présenté par R. Chaboud (Hachette).
- *Sachez lire les étoiles,* H.-A. Rey (Éditions Maritimes).

Nous remercions le Bureau des Longitudes pour toutes les données astronomiques aimablement communiquées. Ces données sont accessibles à tous, sur Minitel (*3616 BDL).*

Avant-propos

Un jardinier rencontre un autre jardinier... De quoi parlent-ils ? De jardinage, du temps, de la pluie, du Soleil, de la Lune aussi bien souvent, sujet passionnant d'apparence mystérieuse, discuté depuis qu'il y a des hommes et depuis qu'il y a des jardins.

– Suivez-vous la Lune quand vous jardinez ?

– À quel moment de la lunaison faites-vous vos semis ?

– Repiquez-vous vos salades en Lune décroissante ?

Les uns nient purement et simplement toute influence du satellite de la Terre sur la croissance des fleurs et des légumes. Ils s'appuient sur ce qu'ils appellent le "bon sens" *et sur l'expérience de tel ancêtre glorieux comme La Quintinie ou Arago. Parfaitement satisfaits de leurs laitues, de leurs petits pois, leur position rationaliste les porte à considérer comme une fable les influences cosmiques, celle du Soleil exceptée.*

Les autres se sentent dépendants du monde qui les entoure, infime petite poussière consciente de l'univers, vivant au rythme des étoiles, des planètes, comme les plantes, les animaux et même les minéraux. Plus proches de la nature à l'état pur, par réaction contre le jardinage "moderne" et nostalgique du jardinier d'antan qui observait longuement, semait, repiquait "juste au bon moment", ils sont à la recherche de connaissances plus ou moins oubliées, d'une harmonie entre le ciel et la terre, les étoiles et le végétal. S'appuyant sur une expérience de plus d'un siècle, sur les travaux de l'agronome anglais Albert Howard (1920), les conférences en Allemagne (1924) de Rudolf Steiner, tout imprégné de la pensée universelle de Goethe (1749-1832), la pratique de Pfeiffer (1924-1934), de Maria Thun, de Xavier Florin et des multiples adeptes de la culture bio-dynamique, ils soignent leur jardin selon cette méthode naturelle.

On reproche à la sélénoculture de ne s'appuyer sur aucune observation scientifique et cela est très discutable ; mais, si certains voient dans les influences cosmiques un côté énigmatique, acceptons-le. Nous vivons entre deux infinis : celui de la connaissance et celui de l'inconnu. Si la science devait abandonner toutes les énigmes, parce qu'elle ne peut les expliquer, elle refuserait d'examiner les pulsars, les quasars, les trous noirs et même d'étudier les sciences humaines.*

Laissant volontairement ici de côté tout ce qui se rapporte aux préparations biologiques, aux composts, aux fertilisants, au façonnage du sol… nous nous attaquons uniquement à dégager les influences principales du Cosmos sur la plante cultivée, afin que s'établisse progressivement pour chacun une harmonie sensible entre le ciel, les étoiles, le Soleil, la Lune et le végétal, le simple geste à faire chaque jour, au bon moment.

Depuis la première édition de cet ouvrage, après les catastrophes écologiques de cette décennie, la pollution de la terre par les humains s'étant poursuivie régulièrement, nous semblons être arrivés à un point qui semble le plus bas ; c'est le défi à relever. Une réaction généralisée pourrait nous aider. Les jardiniers biologiques font des adeptes.

***Jardinez avec la Lune** est un plus qui améliorera votre rendement.*

Céleste

* *du grec* selênê, *lune.*

LA PLANTE dans son ENVIRONNEMENT

Comment rendre la plante parfaitement sensible et réceptive aux influences de la voûte céleste ?
En supprimant les obstacles artificiels que ces forces rencontrent, en veillant à la perméabilité de l'air et, surtout, en apportant au sol une nourriture facilement assimilable qui l'ouvre au reste du monde et permette à la vie cosmique de le pénétrer, pour rejaillir dans les feuilles, les fleurs, les parfums de nos jardins.

LES FORCES DU COSMOS

Être vivant, sensible, présentant la particularité d'être fixé au sol, la plante dépend entièrement de son environnement. D'une part, elle plonge ses racines dans l'obscurité de la terre, cherchant en profondeur l'eau, les sels minéraux, les substances constitutives, les forces vivifiantes du Cosmos, tout ce dont elle a besoin pour vivre, se structurer, croître, mûrir, se reproduire. D'autre part, elle élève sa tige vers le ciel pour en recevoir lumière et chaleur. La plupart des rayons cosmiques n'agissent pas directement de la voûte céleste à la plante. Ils sont d'abord recueillis par la terre selon son

PLANTE - PLANÈTE
Une seule lettre différencie ces deux mots. Leur étymologie ne les rapproche pas. Plante vient du latin* planta *: individu végétal, et planète du grec* planêtês *: corps errant, par opposition aux étoiles fixes parmi lesquelles elles semblent se promener. Une seule lettre les sépare, mais de multiples fils les relient.

degré de réceptivité et le moment de la lunaison où vous la travaillez, avant d'être assimilés par la racine comme toute nourriture. D'un sol équilibré et réceptif dépendent santé, vigueur, saveur de notre produit.

Le jardin est un lieu privilégié où chaque fleur, chaque légume est cultivé, élevé, choyé selon sa nature, pour sa beauté, la qualité de la nourriture qu'il nous donne.

Notre action première va devoir porter sur deux points.

La qualité de l'air

Pensons à donner à nos végétaux un air que nous aimerions respirer, loin des fumées de la ville qui font écran à certains rayons, loin de toute pollution néfaste, de tout traitement chimique pulvérisé sur les cultures environnantes. Si ces conditions ne peuvent être remplies, essayons de rendre l'atmosphère aussi saine et vivifiante que possible. Par exemple, entourer le jardin de haies d'arbustes sera doublement bénéfique : non seulement elles briseront et filtreront les vents porteurs d'agents chimiques, mais seront aussi un abri paisible pour les oiseaux prédateurs qui se nourrissent des limaces, pucerons et insectes indésirables au jardin, en accompagnant vos travaux de leur musicale conversation. Si leur présence vous amène à prendre quelques précautions au moment des semis, ce sera un moindre mal et une habitude très vite acceptée. Les moyens naturels sont à votre portée et demandent simplement la bonne volonté du bon sens.

Le sol

Sa composition présente toujours certains déséquilibres, des carences ou des excès, et un appauvrissement naturel une fois les récoltes faites. Un apport régulier d'amendements adaptés, de fumures vivifiantes, est donc nécessaire à sa reconstruction. Il lui faut une fertilité satisfaisante qui assure aux végétaux une croissance saine, harmonieuse, une bonne résistance aux parasites.

Or, le défaut de chacun est de toujours vouloir apporter trop de nourriture au sol. Cependant, s'il est saturé, soit d'engrais animal ou végétal insuffisamment décomposé, soit d'engrais chimique que vous ne devez plus du tout employer, il devient imperméable aux rayons cosmiques qui ne peuvent plus agir. La terre se présente alors comme étant parfaitement opaque, réfractaire, et les rayons les plus importants, ceux provenant par exemple des étoiles fixes, ne peuvent plus la pénétrer.

Il convient donc de veiller très soigneusement à proscrire tout engrais chimique, à nourrir le sol d'un compost parfaitement assimilable, de minéraux complémentaires finement broyés, incorporés en Lune descendante, non profondément, en automne de préférence, afin que le temps de digestion, de transformation, de restructuration soit le plus long possible. De même, les engrais verts seront enfouis en surface, quatre semaines au moins avant toute autre intervention.

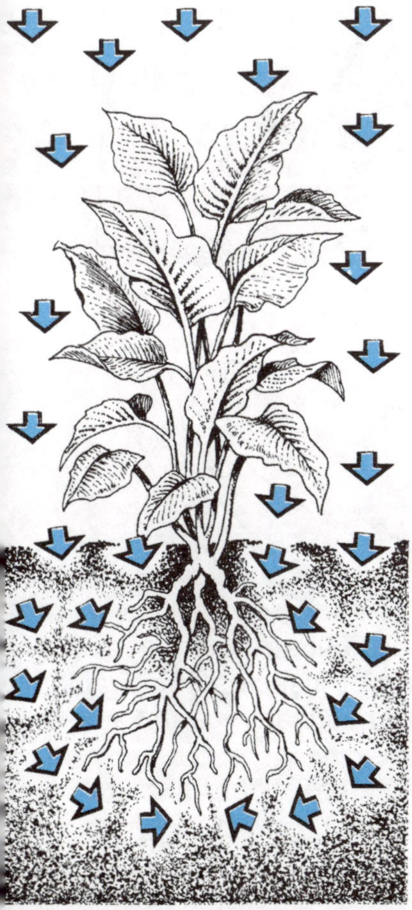

La plante est réceptive
aux influences du Cosmos.

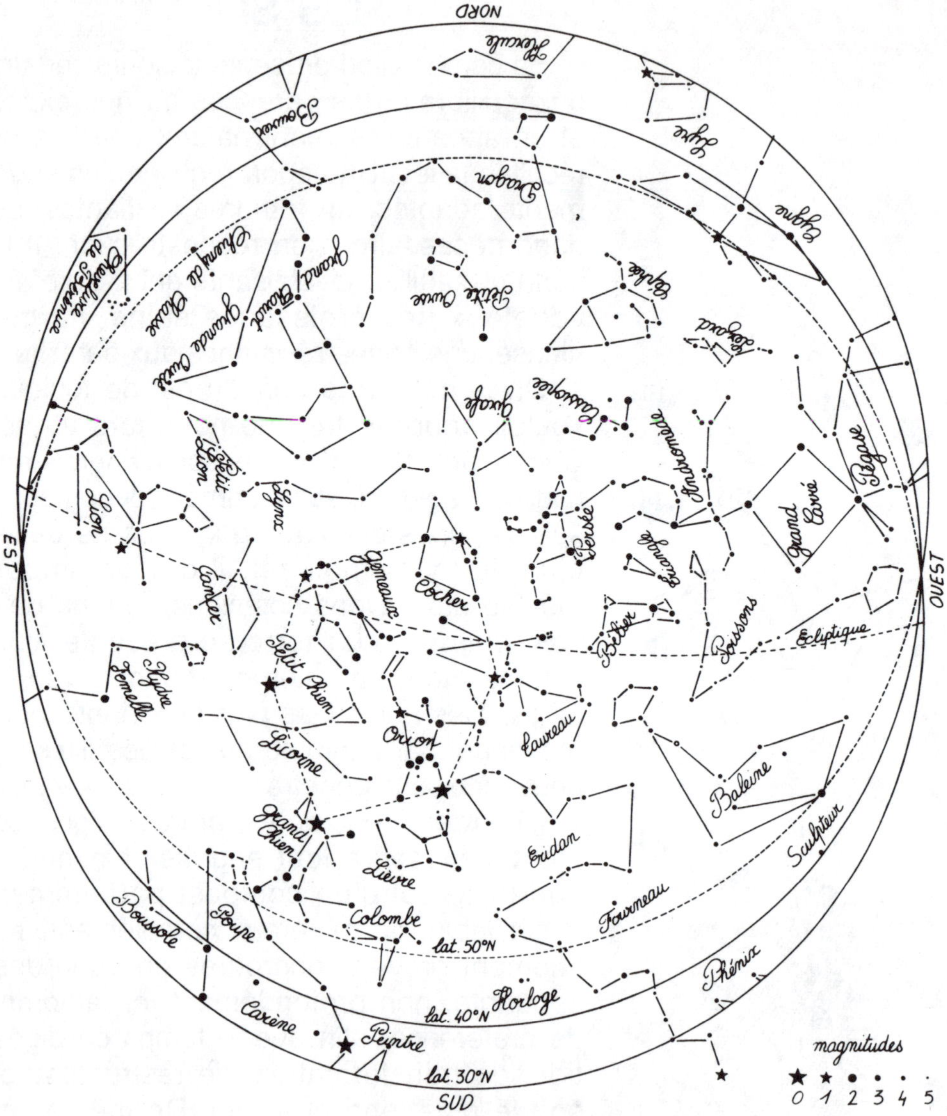

Les constellations
Moments de visibilité

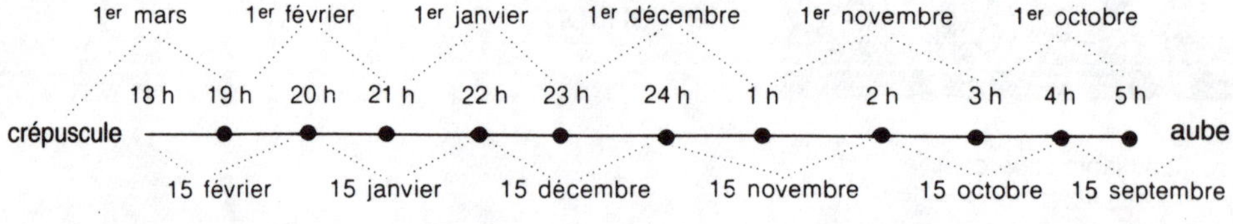

LES CONSTELLATIONS du ZODIAQUE

Dès les temps préhistoriques, l'homme a étudié les étoiles. Les premiers témoignages nous viennent des bergers chaldéens qui savaient lire dans le ciel l'heure de la nuit, la direction à prendre, la saison, résultat de méditations de multiples générations. Une certaine zone d'étoiles fixes les unes par rapport aux autres a toujours été particulièrement intéressante. Le Soleil, la Lune, les planètes s'y promènent. En reliant certaines de ces étoiles par des lignes imaginaires, l'homme de Mésopotamie et d'Égypte a composé douze animaux plus ou moins étranges, d'où le nom de Zodiaque (du grec zôon *: animal, être vivant).*

DOUZE CONSTELLATIONS

Par une nuit sereine, claire et sans Lune, levons les yeux vers le ciel. Nous sommes émerveillés par tant de beauté, de scintillements noyés dans une immensité sans limites. Peu à peu, certaines étoiles se distinguent, semblent groupées et former des figures géométriques ou autres : ce sont les constellations. Chacun connaît le Grand Chariot, Cassiopée, Orion… Que la Lune se lève, beaucoup d'étoiles disparaissent. Que l'aube pointe, elles deviennent alors invisibles – bien que toujours présentes. Or, si chacune,

LA PRÉCESSION DES ÉQUINOXES
Entre le 20 et le 22 mars, selon les années, le Soleil franchit l'équateur céleste au point vernal : début du printemps et degré zéro du premier signe du Zodiaque, le Bélier. Ce point très précis ne reste pas immobile par rapport aux constellations. Il recule tous les ans de 50 secondes d'arc sur l'écliptique, soit 1° en 72 ans ou un signe de 30° en 2 160 ans. Il est actuellement au début de la constellation des Poissons (voir dessin p. 17).

nuit et jour, nous envoie ses rayons lointains, certaines ont une influence beaucoup plus sensible.

Parmi ces groupes d'étoiles fixes, les douze constellations du Zodiaque jouent un rôle particulièrement important. Elles occupent tout autour de la Terre, une large bande de 18°, parcourue en son milieu par le Soleil, selon une trajectoire appelée écliptique ou ligne des éclipses. La Lune, les planètes, se déplacent uniquement dans cette même partie privilégiée du ciel. Vous trouverez donc toujours ces constellations la nuit sur le chemin parcouru par la Lune.

Parler de l'influence des constellations du Zodiaque sur votre jardin, en déduire un mode de culture, revient tout simplement à faire de l'astrologie végétale. Les uns s'en réjouiront, les autres n'y attacheront aucune importance cherchant avant tout à obtenir de beaux légumes – notre souhait à tous –, et ceux qui mettent allègrement les astres et la boule de cristal dans le même panier resteront dans leur cocon d'ignorance volontaire. Gageons cependant, qu'un beau jour, devant un échec de semis de carotte, de laitue ou de pensée, ils feront le premier pas.

QUATRE ÉLÉMENTS

De même que la plante est composée de quatre parties : la racine, la tige, la fleur et le fruit, les douze régions zodiacales sont chacune en affinité avec l'un des quatre éléments fondamentaux de l'univers : le feu, la terre, l'air et l'eau, formant ainsi quatre

CONSTELLATIONS DU CANCER ET DES GÉMEAUX

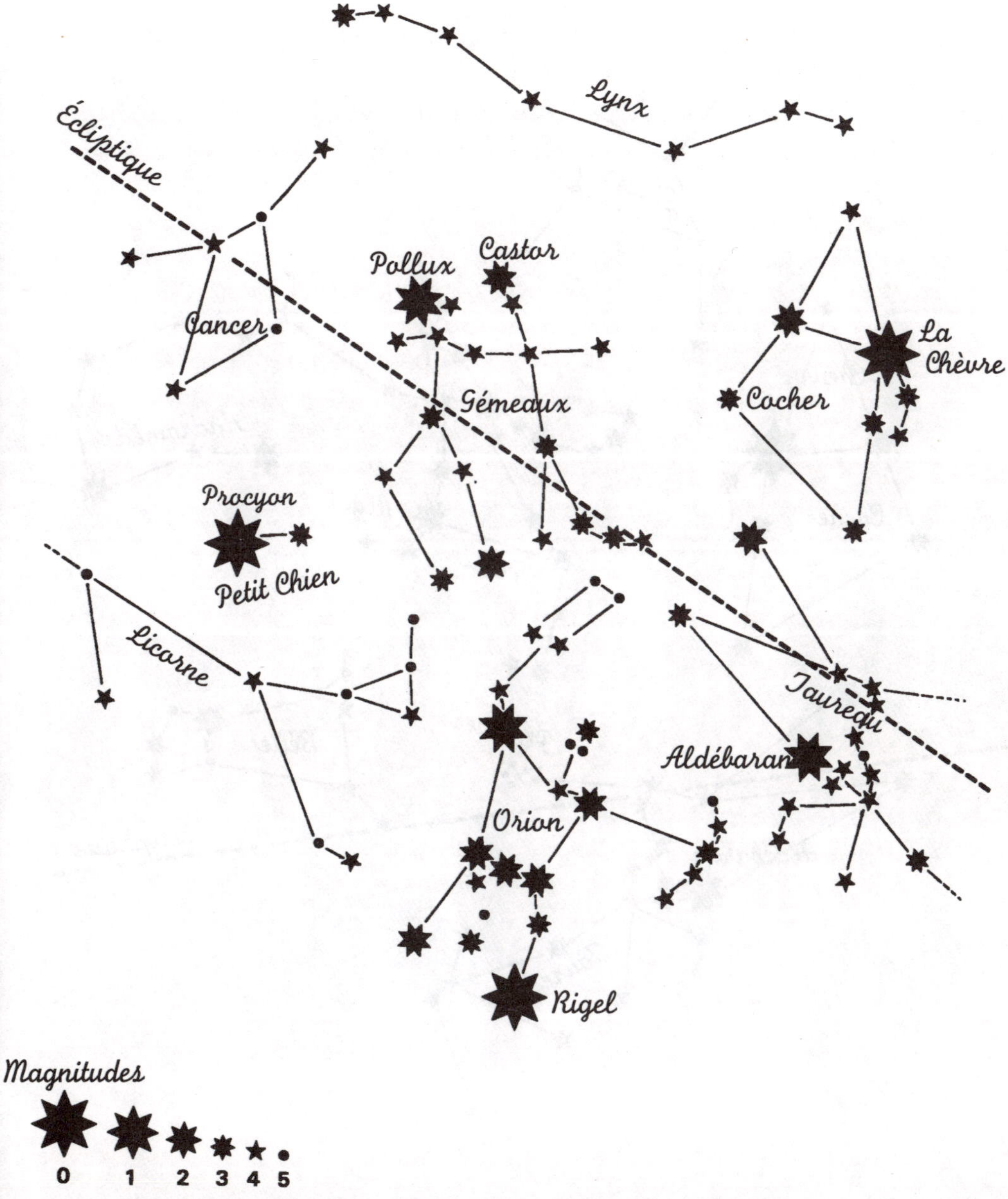

CONSTELLATIONS DU TAUREAU ET DU BÉLIER

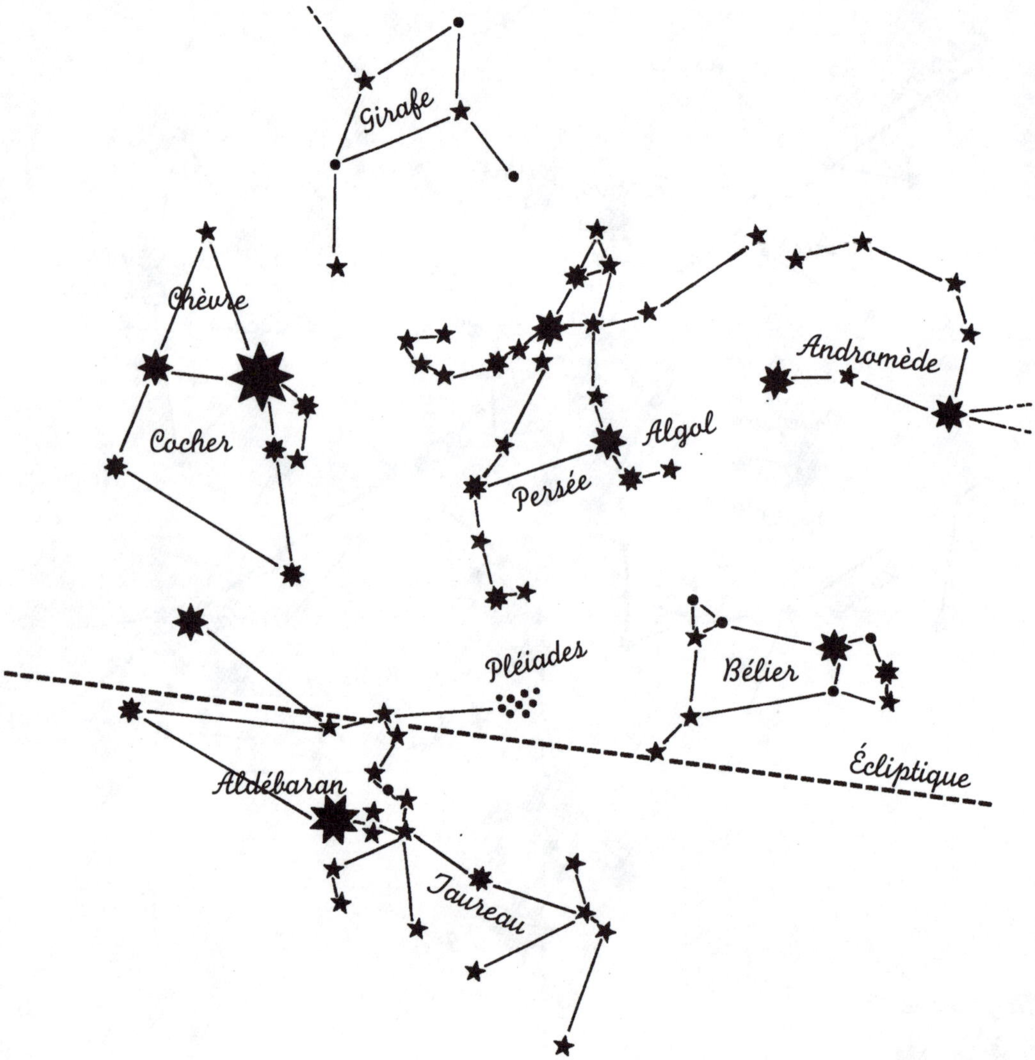

Constellation des Poissons et position actuelle du point vernal dans le ciel

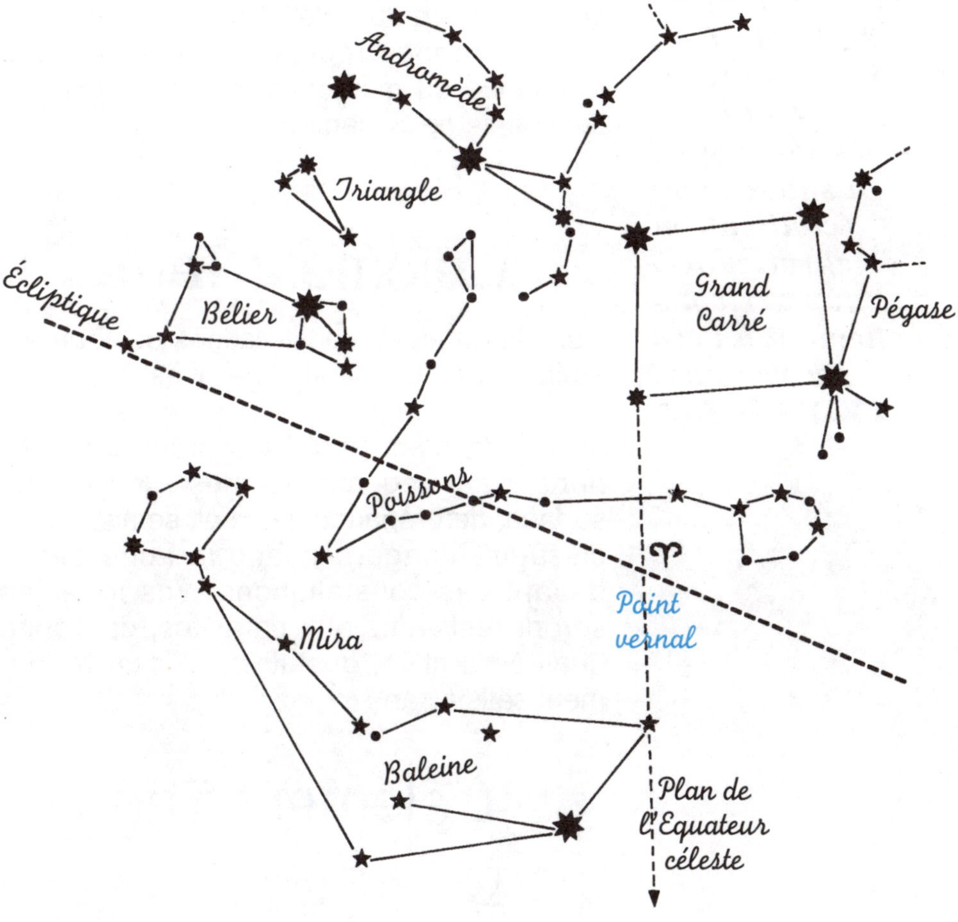

À TRAVERS LES ÈRES
Après l'ère du Taureau : – 4 000 à – 2 000 av. J.-C. (civilisation égypto-babylonnienne) ; l'ère du Bélier : – 2 000 av. J.-C. (civilisation gréco-romaine) ; l'ère des Poissons : jusqu'à 2 000 (civilisation chrétienne). Nous arrivons actuellement à l'ère du Verseau.

groupes d'impulsions de même nature, régulièrement distribuées. Ces impulsions agissent de façon spécifique sur une partie déterminée de la plante. Au fur et à mesure de son passage devant chaque constellation, la Lune fait jouer ces différentes forces, les capte, les imprègne des siennes propres et les réfléchit sur la Terre, comme elle réfléchit la lumière du Soleil. En travaillant le sol, vous le rendez réceptif, vous l'ouvrez à l'influence du moment accordée à telle ou telle partie de la plante.

L'élément Terre

s'exprime par les constellations du Taureau, de la Vierge, du Capricorne ; il est en affinité avec la partie enterrée de la plante : la racine. Vous ferez donc tous travaux se rapportant aux légumes-racines : travaux de surface, de préparation du sol, semis, éclaircissage, binage... quand la Lune passe devant ces constellations. Vos légumes seront résistants aux parasites, de bonne qualité nutritive, gustative, et d'un rendement satisfaisant.

L'élément Eau

animé par le Cancer, le Scorpion et les Poissons, joue particulièrement dans les parties les plus aqueuses de la plante : la tige, la feuille. Vous profiterez des moments de passage de la Lune devant ces constellations pour porter vos soins à vos laitues, épinards, asperges...

Position actuelle des constellations du Zodiaque

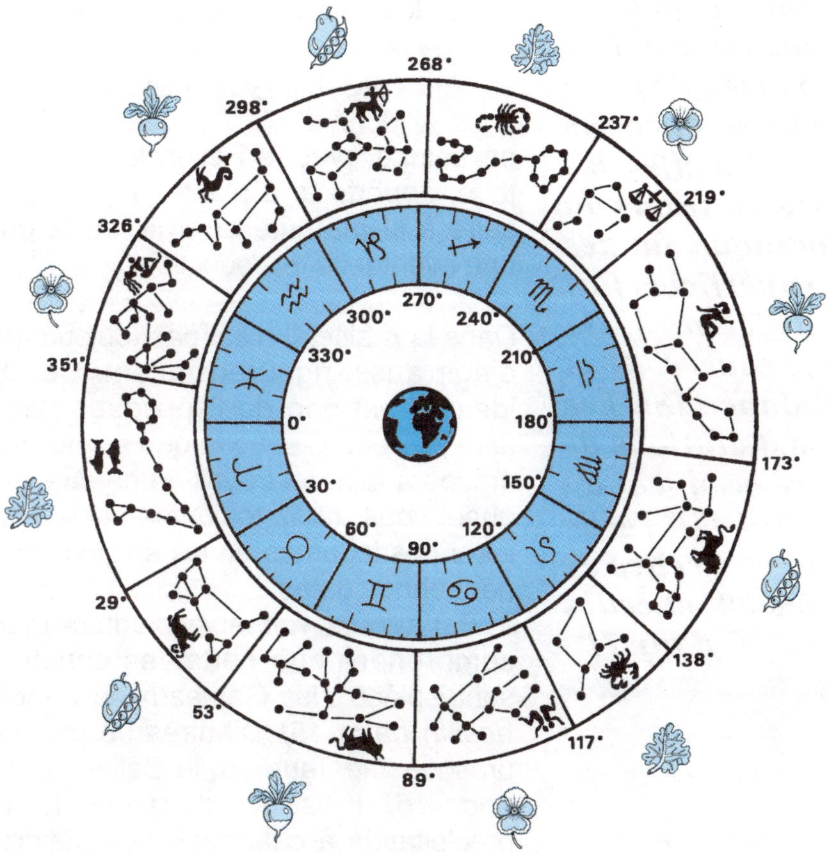

: Constellations d'eau	♈ Bélier	♌ Lion	♐ Sagittaire
: Constellations d'air	♉ Taureau	♍ Vierge	♑ Capricorne
: Constellations de terre	♊ Gémeaux	♎ Balance	♒ Verseau
: Constellations de feu	♋ Cancer	♏ Scorpion	♓ Poissons

Le radis symbolise les constellations de terre, la pensée les constellations d'air, la feuille de chou les constellations d'eau, la poire et les petits pois les constellations de feu.

QUESTIONS DE DEGRÉS

Vous disposerez toujours de plus de temps pour butter vos pommes de terre que pour soigner vos roses. En effet, les constellations du Zodiaque ont des superficies fort différentes : la Vierge couvre 46° et la Balance 18°. Les constellations de terre occupent au total 110°, celle d'eau 90°, celles de feu 89° et celles d'air 71°.

L'élément Air

en affinité avec les Gémeaux, la Balance, le Verseau, s'exprime dans les parfums des fleurs, leur éphémère beauté, leur légèreté.

L'élément Feu

en accord avec le Bélier, le Lion, le Sagittaire, apporte à la plante la chaleur nécessaire à la maturité du fruit, de la graine, à une éventuelle reproduction.

Dans la réalité, il n'est pas toujours possible d'agir aussi rigoureusement. Ce plan est idéal. Il est bon de l'appliquer autant que faire se peut. C'est dire que si vous avez été amené à faire tel travail à une date peu indiquée, vous aurez toujours avantage à améliorer ces légumes en les soignant ensuite à de “bonnes dates”.

Par ailleurs, l'observation du ciel vous fera comprendre que certaines constellations sont isolées : les Gémeaux, le Cancer *(voir dessin page 15)*. D'autres se chevauchent presque : le Taureau, le Bélier *(voir dessin page 16)*. Il est bon de n'apporter aucune précipitation à changer d'occupation quand la Lune change de constellation : un travail fait dans une relaxation relative est toujours plus profitable au jardinier et à son jardin.

Classons les légumes de notre potager en nous demandant quelle partie nous privilégions – le radis, la carotte sont des racines; la scarole un légume-feuille et la tomate un légume-fruit. Dans le poireau, nous apprécions la partie blanche enterrée : cultivons-le alors à des “dates racines”; de même pour l'oignon, l'ail, l'échalote, dont nous consommons le bulbe. L'artichaut est une fleur que nous cueillons en bouton, le poivron, un fruit, le haricot, une graine.

Tout cela semble évident. Pour répondre à la demande de “jeunes” jardiniers, voici une liste non exhaustive et un classement des plantes de nos jardins que vous corrigerez, augmenterez selon vos habitudes et le climat de votre région.

FRUIT, RACINE, FLEUR OU FEUILLE ?

GRAINES ET FRUITS	RACINES	FLEURS	FEUILLES
Arbres fruitiers	Ail	**Arbustes à fleur :**	Arbustes d'ornement
Aubergine	Betterave	– lilas	Asperge
Concombre	Carotte	– magnolia	Basilic
Cornichon	Céleri-rave	– glycine	Cardon
Courge	Cerfeuil tubéreux		Céleri à côtes
Courgette	Chicorée 'Witloof'	Artichaut 	Cerfeuil
Fève	Chou-navet	Chou-fleur	Chicorée
Fraisier	Crosne	Brocoli	Chou
Giraumon	Échalote		Ciboulette
Haricot	Navet 	**Toutes les fleurs :**	Cresson
Lentille 	Oignon	– annuelles	Épinard 
Melon	Panais	– bisannuelles	Estragon
Pastèque	Poireau	– vivaces	Fenouil
Pâtisson	Poirée		Gazon
Petits pois	Pomme de terre		Laitue
Piment	Radis		Mâche
Poivron	Raifort		Oseille
Tomate	Salsifis		Persil
	Topinambour		Romaine
Céréales :			Scarole
Avoine			Tétragone
Blé			
Maïs			
Orge			
Riz			
Seigle			

POSITION DE LA TERRE PAR RAPPORT AUX CONSTELLATIONS

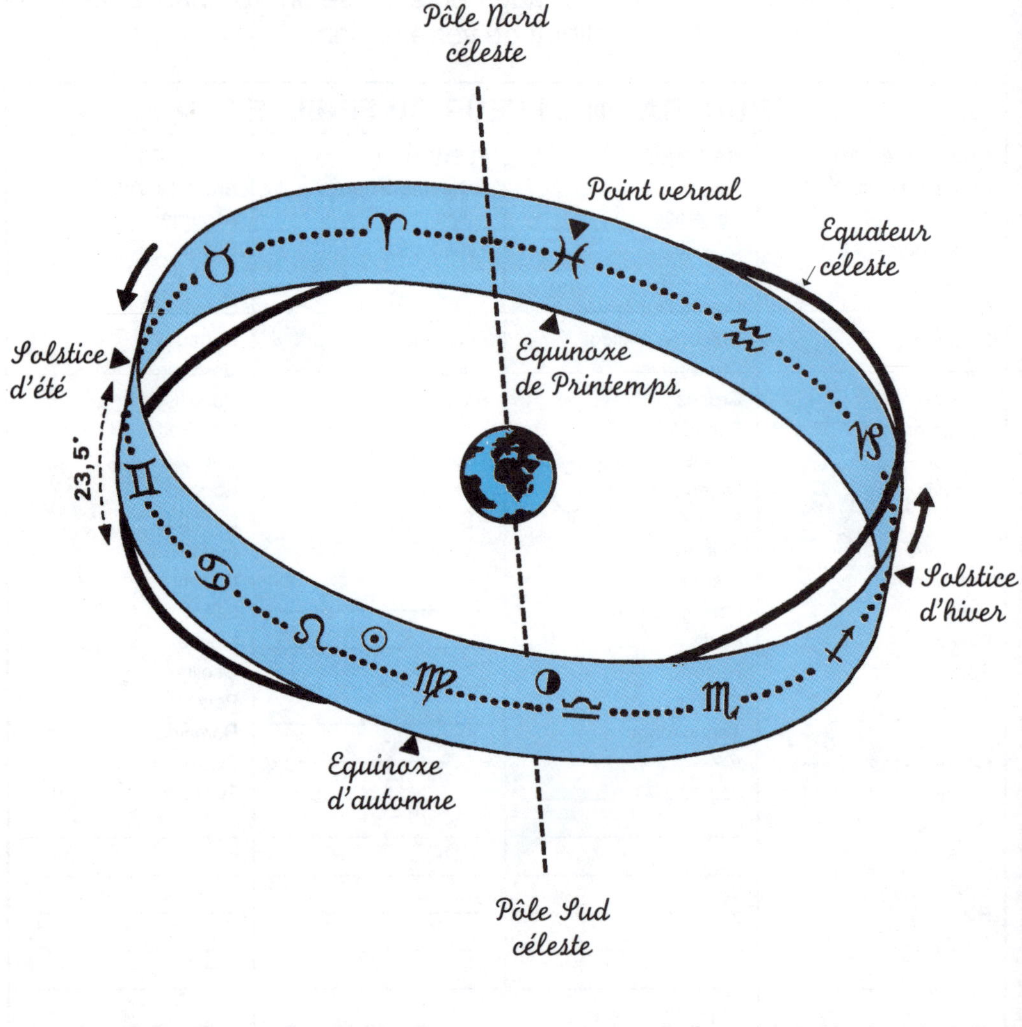

LA RESPIRATION de la TERRE

La terre respire selon trois rythmes qui se conjuguent, s'ajoutent, se complètent, s'équilibrent.
Une très ample respiration annuelle prépondérante, en rapport avec le Soleil, les saisons : inspiration, expiration, dure chacune six mois, métamorphosant complètement notre planète, tantôt la dénudant, tantôt la couvrant de fleurs.
Une respiration mensuelle plus modeste en rapport avec la Lune : inspiration, expiration, dure chacune treize jours et demi.
Enfin, chaque matin, la terre s'éveille, la rosée s'exhale, les fleurs s'ouvrent. Chaque soir, elle s'endort, se referme, se repose.

LA RESPIRATION ANNUELLE

Suivons la course du Soleil, telle qu'elle apparaît à un habitant de la zone tempérée de l'hémisphère boréal. Nous serons mieux à même de comprendre ensuite la lunaison et ses effets. Ils servent de base principale à notre calendrier.

L'année solaire est partagée en deux vastes mouvements de flux et de reflux, dont les solstices marquent les changements.

L'hiver et le printemps

Le 22 décembre, le Soleil se lève à l'extrême sud-est de sa course et décrit dans le ciel son arc le plus court. Il se couche à l'extrême sud-ouest pour la nuit la plus longue. Si, par un coup de baguette magique, il cessait de briller un instant, nous verrions apparaître derrière lui la très belle constellation du Sagittaire. Toute végétation semble absente ou endormie. La terre, par une alchimie profonde, prépare son renouveau.

De ce jour le plus court au 21 juin, le jour le plus long, le Soleil “monte” de plus en plus haut dans le ciel. Du Sagittaire, la constellation la plus basse, aux Gémeaux, la constellation la plus élevée, il est ascendant. Durant ces six mois, la terre exhale son souffle et nous assistons à une véritable résurrection de la végétation qui va progressivement guider les multiples travaux de jardinage : taille fruitière, façonnage de la terre, semis, repiquages. Avec juin, se terminent dans l'hémisphère Nord la grande poussée de la végétation et la saison des semis. Celle des récoltes va commencer.

L'été et l'automne

Au solstice d'été, le Soleil semble amorcer sa courbe descendante. Ses rayons se font chauds, desséchants. Les récoltes battent leur plein : la terre commence à se dénuder. La montée de la sève s'assagit. Les feuilles se dessèchent.

Après l'équinoxe d'automne, le travail du sol commence peu à peu. La terre, dans son

Eau mouvante
Le phénomène des marées prouve également que l'eau est l'élément le plus sensible aux influences cosmiques. Or, la superficie des océans par rapport à celle des continents, est de 71 %. Cette proportion d'eau varie peu dans les composants des corps humains, animaux, végétaux. Mais une plante peut contenir 95 % d'eau structurée, animée. Plus un corps est riche en eau, plus il est sensible.

inspiration profonde, absorbe les éléments fertilisants, rééquilibrants, qui lui sont apportés et qu'elle va pouvoir assimiler. Puis, les feuilles s'envolent : la sève est intériorisée dans les racines. Le Soleil arrive en bas du cycle, en Sagittaire, où il retrouve un nouveau souffle. Voici le moment de choisir les jours les plus cléments pour planter les arbres et arbustes à fruits, les plantes vivaces.

LA RESPIRATION MENSUELLE

La Lune est le seul satellite de la Terre, le corps céleste le plus proche, celui dont l'influence est la plus importante après celle du Soleil. L'exemple le plus spectaculaire de son action est apporté par le phénomène des marées : hautes, quand la Lune est à la verticale (zénith ou nadir), basses, quand elle est à l'horizon (est ou ouest) ; sensibles également à l'intérieur des terres comme le prouvent des expériences conduites par des équipes scientifiques de nombreux pays (Allemagne, États-Unis, Angleterre, Italie, ex-URSS…) et Frank Brown en particulier.

La Lune et la tradition

La Lune, cet astre qui semble changer quotidiennement, a toujours intrigué les humains qui ont cherché à établir des correspondances entre ses phases, ses apparences, et la météorologie, la santé, les naissances, les animaux, les plantes…

Si vous êtes amateur de chasse aux champignons et si les conditions sont favo-

UNE EXPÉRIENCE À TENTER
Prenez un sachet de semences (radis, pétunia, laitue, haricot, etc.). Faites un petit semis chaque fois que la Lune est devant une constellation différente. Sur une étiquette fichée en terre, notez à l'encre indélébile le maximum de renseignements : constellation, date, heure, conditions atmosphériques, etc. Laissez pousser. Notez vos observations et conclusions.

rables à la récolte (saison, humidité), inutile d'en chercher à la nouvelle lune ; ils sont alors en gestation, et commencent à apparaître vers le cinquième jour, pour être tendres, charnus, magnifiques, au moment de la pleine lune. Ils poussent ensuite plus lentement, semblent se dessécher progressivement, deviennent alors moins goûteux et souvent véreux.

La Lune et le Zodiaque

Les nombreuses expériences conduites par les agriculteurs biologistes depuis un siècle nous amènent à penser que les phases de la Lune se manifestent dans un sol sauvage, non préparé.

À partir du moment où la terre est cultivée, sarclée, ratissée, *elle est ouverte aux influences cosmiques du moment,* rendue particulièrement sensible aux forces spécifiques des constellations zodiacales devant lesquelles se profile la Lune qui les lui transmet.

Exactement à l'image du Soleil dans son chemin annuel, mais en **27** jours, la Lune, en faisant le tour de la Terre, passe devant chaque constellation du Zodiaque *(voir les courbes soli-lunaires à partir de la p. 98).*

Le printemps lunaire. Dans l'hémisphère Nord, la Lune est ascendante de la constellation du Sagittaire à celle des Gémeaux, où vous la voyez au plus haut dans le ciel : c'est l'hiver et le printemps lunaires. La sève est dynamique, ascendante, gonflant la partie aérienne des végé-

LES PHASES DE LA LUNE

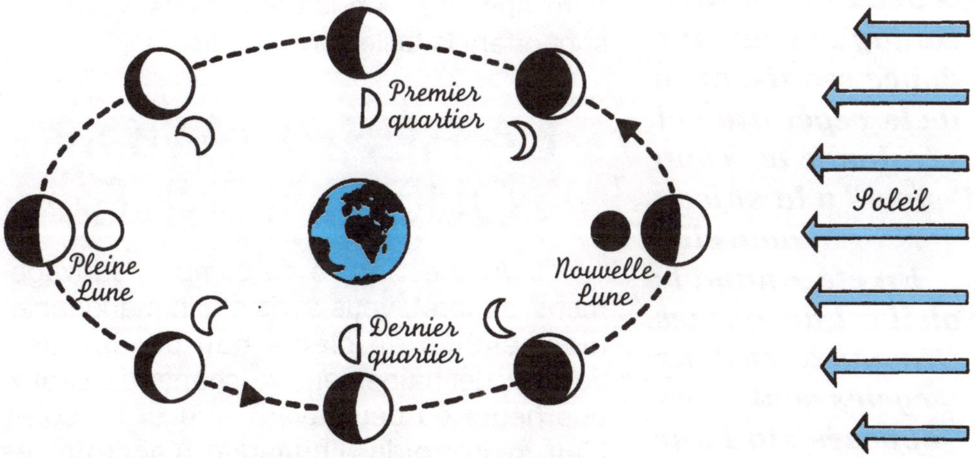

C'est le rayonnement du Soleil qui illumine la face de la Lune visible depuis la Terre et la "dessine".
Suivant l'alignement des trois astres (Soleil-Lune-Terre), la Lune est plus ou moins éclairée et nous semble plus ou moins pleine.

DEUX LUMINAIRES
En hiver, au moment de la nouvelle Lune en Sagittaire, le Soleil et la Lune sont ascendants en même temps. L'influence des deux luminaires se conjugue pour une douce renaissance de la végétation et donne le "coup d'envoi" à la saison nouvelle.
En été, quand le Soleil est devant les Gémeaux, les deux cycles sont alors opposés : la Lune semble freiner la formidable explosion de la nature et préparer le déclin solaire.

taux. C'est le moment de semer, de greffer avec un maximum de chance de réussite.

L'automne lunaire. Inversement, la Lune est descendante des Gémeaux au Sagittaire : la sève redescend dans les racines. C'est l'été et l'automne lunaires, le moment des travaux de repiquage, de plantation, le moment d'épandre le compost, de tailler. La reprise des plantes est facilitée, la terre absorbe bien les fertilisants, les haies supportent la taille sans ennui.

LA RESPIRATION QUOTIDIENNE

S'il vous est arrivé de camper "sauvagement" en forêt, vous avez été immanquablement éveillé en pleine nuit par un merveilleux déchaînement de chants d'oiseaux, une heure ou deux avant le lever du soleil. L'air se refroidit, l'humidité s'accroît, les plantes aussi s'éveillent, s'ouvrent à la rosée du matin.

La sève gonfle les végétaux. Quand toute l'humidité de surface a disparu, le moment est venu de faire vos semis, de cueillir les épinards, les salades.

Puis, entre midi et 15 heures, un silence se fait. Il est bon de le respecter. La terre s'intériorise à nouveau, les forces descendent vers les racines, vient le moment des repiquages, de cueillir les radis, les carottes, les légumes-racines et enfin d'arroser quand le soleil est couché. Les plantes s'endorment. Respectons leur sommeil.

Solstices et équinoxes

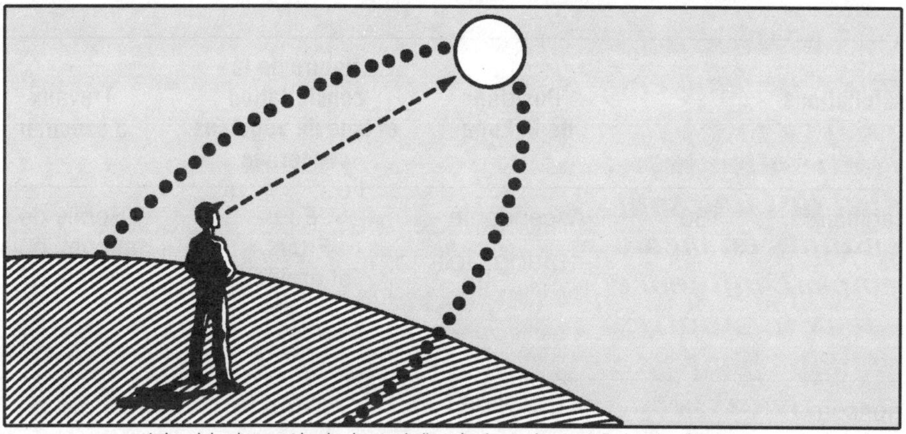

1. La pleine lune est la plus haute de l'année devant la constellation des Gémeaux.

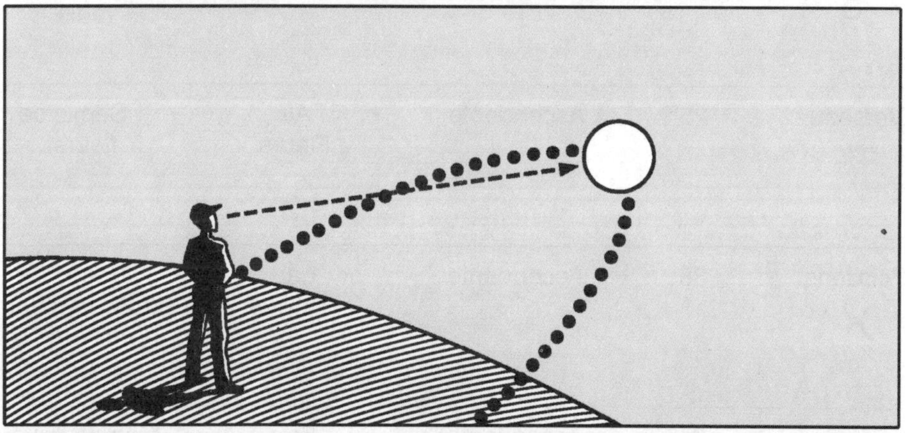

2. La pleine lune est à mi-hauteur devant les constellations des Poissons et de la Vierge, en septembre et avril.

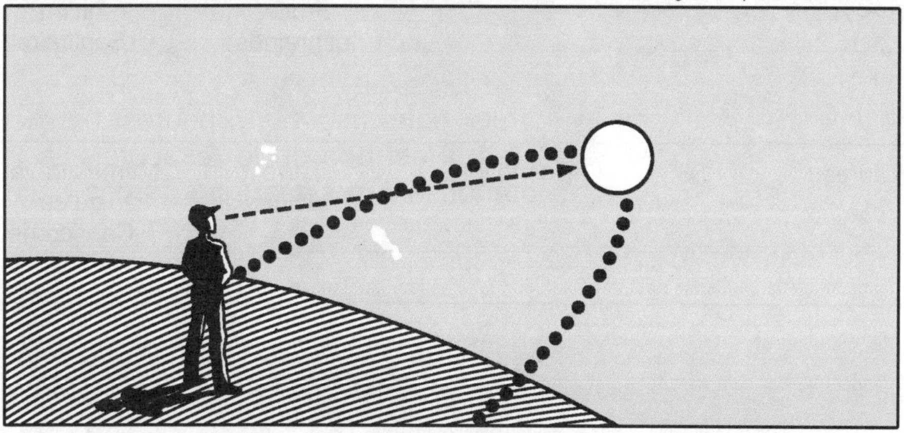

3. La pleine lune est la plus basse de l'année devant la constellation du Sagittaire, en juillet.

TRAVAUX DE JARDINAGE SELON LA POSITION DE LA LUNE

Constellations		Position de la Lune	Nature de la constellation et type de végétaux concernés	Travaux à exécuter
Sagittaire ♐	30°	Ascendante	Feu Fruits, et graines	Semis de haricots, pois, tomates…
Capricorne ♑	28°	Ascendante	Terre Racines	Semis de carottes, navets, radis…
Verseau ♒	25°	Ascendante	Air Fleurs	Semis de fleurs…
Poissons ♓	38°	Ascendante	Eau Feuilles	Semis de salades, choux, épinards…
Bélier ♈	24°	Ascendante	Feu Fruits, et graines	Mêmes travaux qu'en Sagittaire
Taureau ♉	36°	Ascendante	Terre Racines	Mêmes travaux qu'en Capricorne

Constellations		Position de la Lune	Nature de la constellation et type de végétaux concernés	Travaux à exécuter
Gémeaux ♊	28°	Descendante	Air Fleurs	Préparez la terre pour les semis de fleurs ; sarclez et et repiquez.
Cancer ♋	21°	Descendante	Eau Feuilles	Préparez la terre pour les cultures de légumes-feuilles ; sarclez et repiquez.
Lion ♌	35°	Descendante	Feu Fruits et graines	Façonnez la terre pour les légumes-graines. Repiquez tomates, concombres… Pincez et taillez les arbres fruitiers.
Vierge ♍	46°	Descendante	Terre Racines	Façonnez la terre pour les légumes-racines. Buttez les pommes de terre. Éclaircissez les carottes.
Balance ♎	18°	Descendante	Air Fleurs	Mêmes travaux qu'en Gémeaux.
Scorpion ♏	31°	Descendante	Eau Feuilles	Mêmes travaux qu'en Cancer.

JOURS PEU FAVORABLES AU JARDINAGE

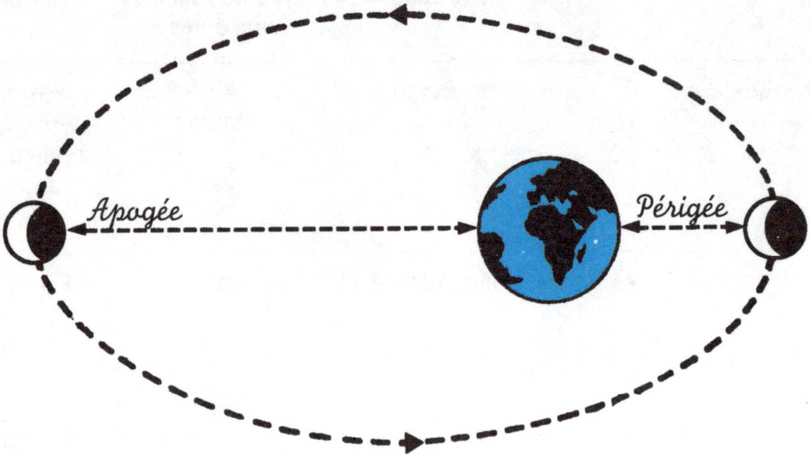

L'apogée et le périgée sont des moments déconseillés pour le jardinage.

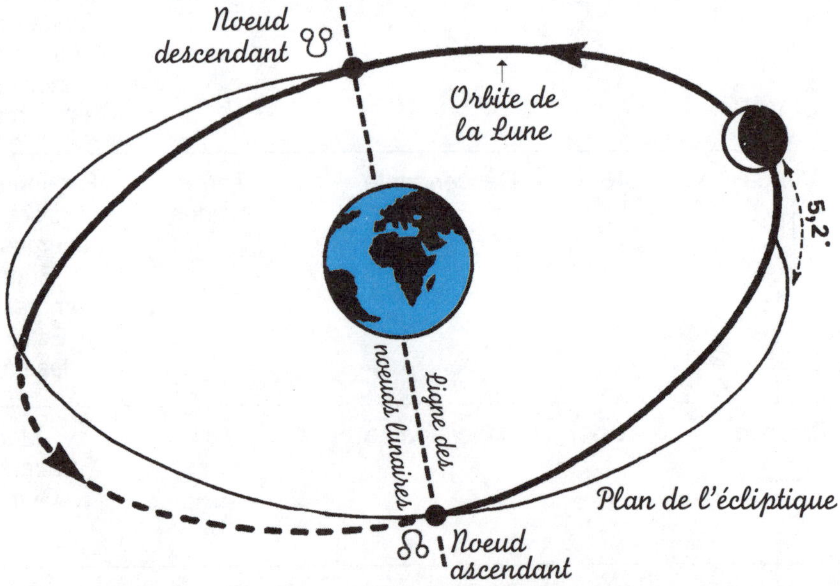

Le passage des nœuds lunaires sont également des moments où il faut éviter de jardiner.

Nœud ascendant ☊ – Nœud descendant ☋

LE CALENDRIER

Les pages suivantes présentent un calendrier établi pour l'hémisphère boréal et le méridien 0° de Greenwich.
Chaque légume, chaque plante, choisi simplement en exemple, *variera selon vos goûts, vos besoins, le climat de votre jardin, sa latitude. Suit un mode d'emploi pour un autre lieu de l'hémisphère Nord ou Sud : Moscou, Montréal, Tahiti, Nouméa.*

À certains moments de son parcours, la Lune envoie des influences particulières durant lesquelles mieux vaut ne pas jardiner.

Elle décrit une orbite elliptique dont la Terre occupe l'un des foyers. De ce fait, à chaque lunaison, elle passe en un point où sa distance à la Terre est minimale, où sa vitesse est la plus grande (15°), c'est le *périgée*. Inversement, à l'opposé, elle passe au point le plus éloigné, où son rythme est le plus lent (12°), c'est *l'apogée*.

Ce sont deux jours (que vous trouverez signalés dans notre calendrier) durant lesquels il est préférable de ne pas jardiner. Au périgée, l'attraction de la Lune est trop importante. Des semis faits à ce moment donnent des plants peu robustes, étiolés, étirés, sensibles aux parasites, alors que des semis faits à l'apogée donnent des plants rabougris, tassés, trapus, anormaux.

Par ailleurs, l'orbite lunaire est inclinée de 5° par rapport au plan de l'écliptique qu'elle coupe donc en deux points appelés nœuds : nœud lunaire ascendant, nœud

UNE HYPOTHÈSE SÉDUISANTE
À l'origine de la "création", les continents étaient entièrement recouverts de forêts, de savanes, formant un immense système cutané couvrant la masse terrestre comme un épithélium ultra-sensible, véritable organe sensoriel qui vibrait à l'image des océans.

lunaire descendant. Ce sont les lieux où peuvent se produire les éclipses, les occultations partielles, et les dates vous en sont données.

Leurs effets sur les plantes ne sont pas très nets. Nous poursuivons les expériences à ce sujet. Il semble que des semis faits à ce moment donnent des graines stériles. Vous constaterez que le temps est presque toujours perturbé, le ciel blanc, "mou" et vous ne vous sentez aucun goût pour jardiner. Suivez votre instinct : reposez-vous.

Le calendrier présenté tient compte des infduences principales du Cosmos. Nous avons cru bon de ne pas y ajouter le jeu des planètes dont les forces sont également spécifiques, mais secondaires.

Important. Toutes les heures sont données en *temps universel*, celle du méridien 0° de Greenwich, soit la longitude du Havre, du Mans, d'Angers, d'Angoulême, de Tarbes... En France, pour avoir l'heure officielle, celle du clocher, il convient depuis 1976 d'ajouter 1 heure en hiver et 2 heures en été. Cette année, les changements horaires auront lieu le dernier dimanche de mars et le dernier dimanche d'octobre.

Exemples :

1) le jeudi 22 février 1996 à 14 h 30 en temps universel, il sera 15 h 30 au clocher ;

2) le mercredi 17 juillet à 15 h T.U., il sera 17 h au clocher.

Hors de France

Sur le planisphère (pp. 36, 37), la Terre est partagée d'ouest en est en 24 parties de

15° qui vous permettent de localiser votre résidence avec une précision suffisante.

Le Soleil balaie 1° de longitude en 4 minutes, soit 30° (2 méridiens sur la carte) en 2 heures.

En pratique, ajoutez 4 minutes par degré si votre jardin est à l'**est** de Greenwich et retranchez 4 minutes s'il est à l'**ouest.**

Prenons 4 exemples

Dans l'hémisphère Nord, la ville de **Montréal** est à 73° de longitude **Ouest,** environ. Le décalage horaire par rapport à Greenwich, et à notre calendrier, est de 4 mn x 73 = 292 mn, soit 4 h 52. Arrondissons à 5 heures.

Le 24 mai 1997, la Lune sera devant la constellation du Scorpion où elle demeurera jusqu'à 8 h 18 - 5 = 3 h 18.

La journée se passera donc avec la Lune devant la constellation du Sagittaire et vous sèmerez des haricots..

La ville de **Moscou** se situe à 38° de longitude **Est,** le décalage horaire est de 4 mn x 38 = 152 mn, soit 2 h 30.

Reprenons notre exemple du 24 mai.

La Lune sera devant la constellation du Scorpion jusqu'à 8 h 18 + 2 h 30 = 10 h 48 et vous pourrez passer une partie de la matinée à repiquer vos salades.

Dans l'hémisphère Sud, la ville de Papeete, dans l'île de **Tahiti,** est à 149° de longitude **Ouest,** environ. Le décalage horaire est donc de 4 mn x 149 = 596 mn, soit 10 h.

Le samedi 24 mai, la Lune sera devant la constellation du Scorpion jusqu'à 8 h 18 – 10 h = le 23 mai à 22 h 18. La journée du 24

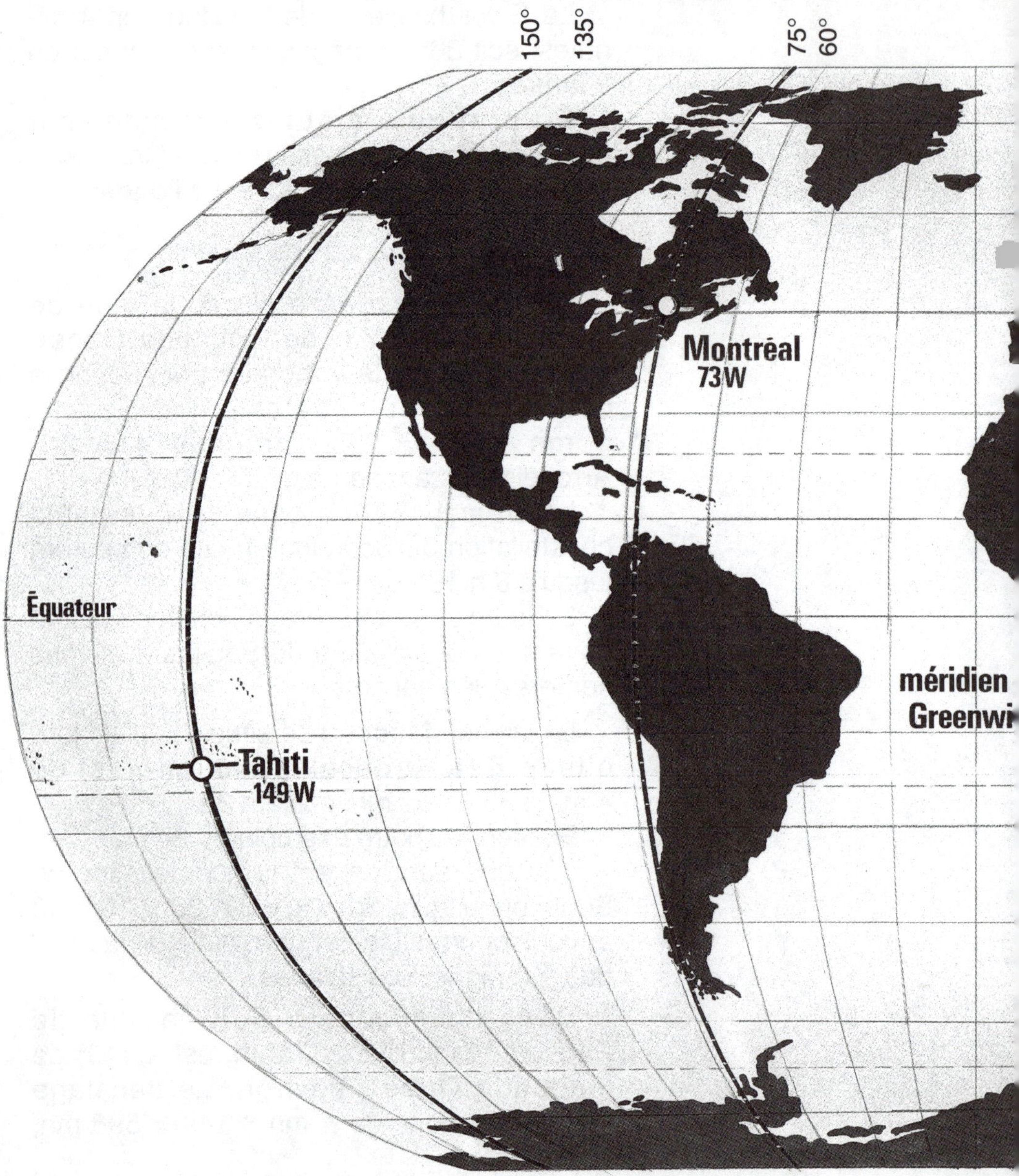

La Terre est ici découpée en 24 parties de 15°. Localisez votre résidence sur le planisphère : elle est à environ tant de degrés de longitude Est ou Ouest

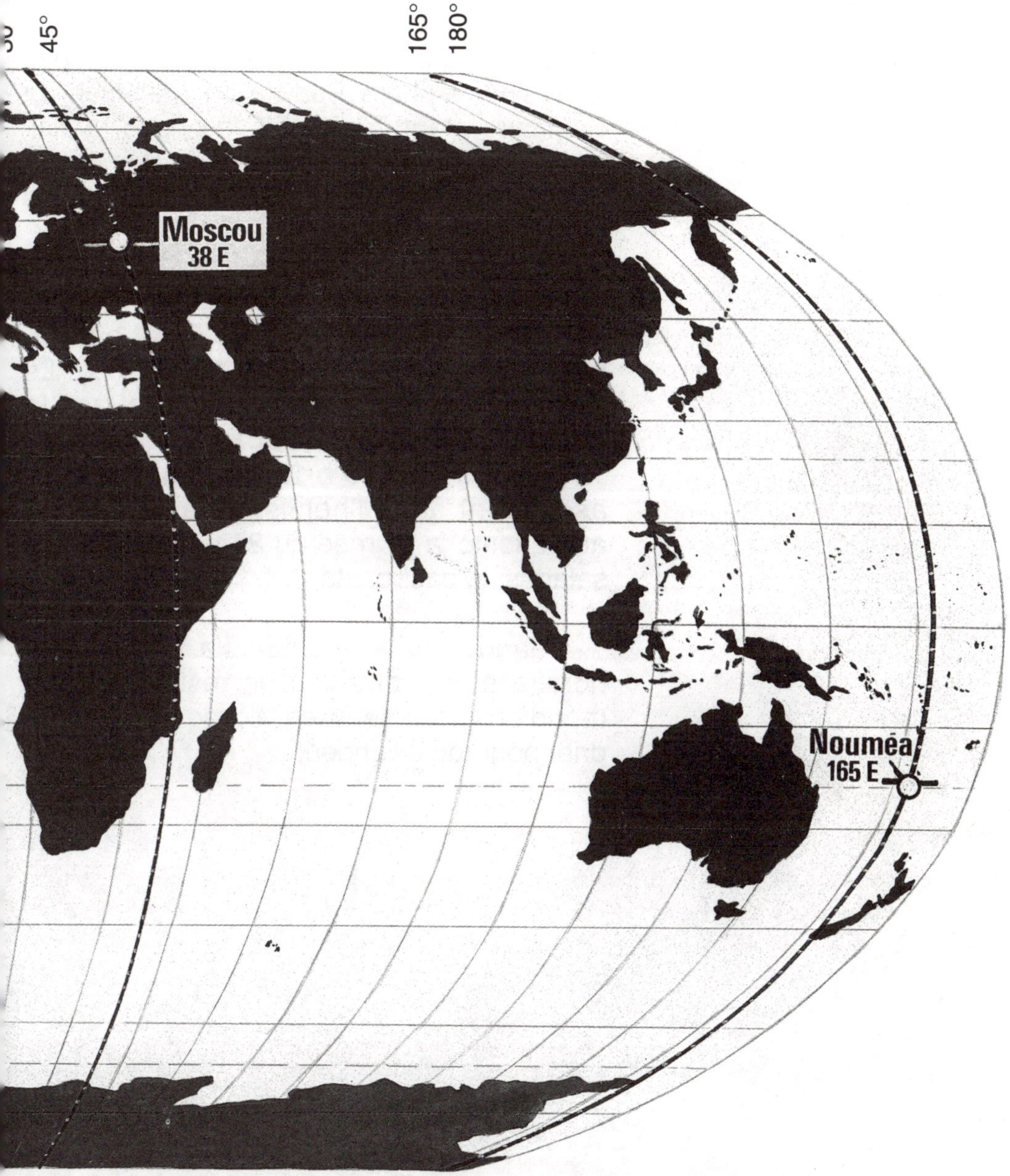

par rapport au méridien de Greenwich, et dans l'hémisphère Nord ou Sud par rapport à l'Équateur. Reportez-vous aux exemples donnés pages 35 et 38.

se passera donc avec la Lune devant le Sagittaire.

Par ailleurs, les saisons étant inversées dans l'hémisphère Sud, la constellation du Sagittaire étant la plus élevée dans le ciel, la Lune devient descendante et c'est le moment de planter les tomates et les fruits polynésiens.

La ville de **Nouméa** en Nouvelle-Calédonie est à 165° de longitude **Est.** Le décalage horaire est de 4 mn x 165 = 11 h. Le 24 mai, la Lune se trouvera devant la constellation du Scorpion jusqu'à 18 h 18 + 11 h = 19 h 18. Le Scorpion étant ascendant dans l'hémisphère Sud, vous aurez toute la journée du 24 pour semer les salades, le basilic, etc.

Quand vous aurez calculé le décalage horaire entre votre lieu de résidence et le méridien de Greenwich, corrigez le calendrier pour toute l'année.

SACHEZ utiliser LE CALENDRIER

Une page blanche en face de chaque jour vous permet de tenir votre journal quotidien. Notez tout ce que vous faites au jardin : quelle sorte de carottes, de haricots, vous semez ; la progression des plantes : le jour de la levée des laitues, des petits pois ; les résultats : début de la cueillette des tomates, des haricots ; et puis la météo : pluie, soleil, vent dominant, température ; et aussi la floraison des amandiers, du lilas, des iris, l'arrivée des hirondelles, le chant des oiseaux, du coucou, du rossignol, la première cigale...

N'hésitez pas à noter également les fêtes et anniversaires à souhaiter. Telle personne aime telle fleur, telle plante ? Remontez le calendrier et décidez de semer ou de planter cette "fleur" au bon moment, de lui faire une bouture de la plante souhaitée.

Ce manuel va être votre mémoire. Il vous permettra de faire des progrès qui vous réjouiront. Plus vous prendrez de notes, plus vous aurez de plaisir à les relire.

N'oubliez pas que les heures vous sont données *en temps universel*, que les exemples de semis ou de plantation s'accordent à un climat moyen. Tenez compte du vôtre, de votre altitude en particulier.

Sur les pages 42 et 43, dessinez votre potager. S'il est très grand utilisez la double page, s'il est petit, faites-en le plan en mars/avril et, une deuxième fois, après les premières récoltes, en juin/juillet.

Dessinez les allées, les haies, les murs, placez le nord, puis essayez de partager le sol cultivable en trois parties de façon à alterner chaque année vos plantations selon une rotation bien pensée. Là où vous plantez cette année des pois, des haricots, des légumineuses, qui ont la propriété d'améliorer le sol en azote, vous mettrez l'an prochain des légumes-feuilles qui en sont friands et l'année suivante des légume-racines peu exigeants en fumure. Vous aurez donc un carré de légumineuses, un carré de légumes-feuilles et un carré de légumes-racines. Rappelez-vous que les choux-fleurs sont gourmands et que les tomates doivent toujours être plantées à la même place. Il faut une exception !

Ainsi, d'une année à l'autre, vos résultats progresseront. Il vous restera encore à marier les couleurs de vos légumes, les différents verts, les jaunes, les rouges pour que votre potager devienne également harmonieux, décoratif pour votre plus profonde satisfaction.

MOIS SYNODIQUE

Dès le IIIe siècle avant notre ère, les Babyloniens calculèrent avec précision la durée moyenne entre 2 phases lunaires semblables et déterminèrent ainsi la lunaison, ou mois synodique, avec une erreur de 0,000053 jour !

1997

8-9 mars

Éclipse totale de Soleil visible depuis la Russie, la Mongolie.
Maximum de l'éclipse à 1 h 23.

24 mars

Éclipse de Lune dont le début est visible depuis Paris.
Entrée dans la pénombre à 1 h 41.
Maximum de l'éclipse à 4 h 39.

1-2 septembre

Éclipse partielle du Soleil visible depuis la Nouvelle-Zélande et l'Australie.
Maximum de l'éclipse à 0 h 03.

16 septembre

Éclipse de Lune dont la fin est visible depuis Paris.
Maximum de l'éclipse à 18 h 47.
Sortie de l'ombre à 20 h 25.

DESSINEZ VOTRE POTAGER

DESSINEZ VOTRE POTAGER

Janvier 1997

Lune	Événements	Signe	Jour	Conseils
LUNE DESCENDANTE	☊ 7 h 24 ; ☾ 1 h 45	♍	1 m.	**Jour de l'An.** *Le 1er, ne jardinez pas avant 13 h.* En terre légère, perméable, non fumée récemment, plantez l'ail rose 'Fructidor', l'ail blanc 'Messidrôme' ou 'Thermidrôme', l'ail violet 'Germidour', l'échalote grise 'Griselle', la 'Jersey' demi-longue, 'Limador' ou 'Mikor', la longue 'Jermor'. En région douce, préparez les carrés où vous planterez les pommes de terre.
		♍	2 j.	
		♍	3 v.	
		5 h 44 ♎	4 s.	Plantez les arbustes à fleur : les hortensias, les églantiers à l'écorce bien verte que vous grefferez en août. Épandez les amendements à incorporer légèrement.
		♎	5 d.	
		14 h 08 ♏	6 l.	Coupez le gui et le lierre. Plantez une haie bocagère : aubépine, églantier, noisetier, prunellier, sureau, cornouillier, laurier-tin… Sous châssis, repiquez laitues et romaines.
		♏	7 m.	
LUNE ASCENDANTE		18 h 34 ♐	8 m.	En région douce, à bonne exposition ou sous tunnel, semez la fève, le pois précoce à grain rond 'Petit provençal', 'Plein panier', 'Douce Provence'. En godets, en serre, semez la tomate, l'aubergine, le melon…
	● 4 h 26	♐	9 j.	
	Périgée 9 h	18 h 45 ♑	10 v.	Semez sous châssis la carotte courte et demi-longue avec quelques radis roses de '18 jours', le poireau d'été à mettre en place en avril/mai, 'Gros long d'été', 'Géant précoce'. *Le 10, ne jardinez pas avant 14 h.*
		♑	11 s.	
		15 h 20 ♒	12 d.	En godets, en serre, semez les annuelles : pélargonium, pétunia, lobelia, pois de senteur, etc. à mettre en place en mars. En terrine, en plein air, semez les plantes alpines à repiquer en rocaille.
		♒	13 l.	
	☋ 1 h 23	8 h 10 ♓	14 m.	Semez à la volée, en pleine terre, plusieurs variétés de salades rouges et vertes : batavia, laitue 'Reine de mai'… En caissette à bonne température, semez le chou hâtif 'Milan d'Aubervilliers' et cabus 'Tête de pierre'. *Le 14, ne jardinez pas avant 7 h.*
	☽ 20 h 02	♓	15 m.	
		1 h 47	16 j.	

Vos observations personnelles

En janvier, février ou mars selon le climat de votre région, choisissez un temps stable et clément pour tailler, planter les arbres et les arbustes, appliquer les traitements d'hiver, bêcher légèrement à l'aplomb des grandes branches, étaler un bon compost.

	Janvier	Février	Mars
Arbustes à fleur	4, 5, 21, 22, 31	1, 17, 18, 28	16, 17, 18, 27, 28
Feuillus	5, 6, 7, 23, 24	2, 3, 19, 20	1, 2, 3, 18, 19, 28, 29, 30
Arbres fruitiers	26, 27	22, 23	20, 21, 22

En hiver, profitez du soleil très bas, de la lune descendante, pour couper le bois d'œuvre et de chauffage : du 1er au 7 janvier, du 20 janvier au 4 février, du 17 février au 3 mars.

Janvier 1997

Lune	Signe	Jour		Travaux
LUNE ASCENDANTE	♈	16 j.		En région douce, à bonne exposition ou sous tunnel, semez la fève, le pois précoce à grain rond (voir le 8 janvier). Vous butterez dans 3 semaines. En godets, en serre, semez tomate, melon, aubergine…
		17 v.		
	21 h 41			
☉♑	♉	18 s.		Mêmes travaux que le 10 janvier. En climat doux, semez le radis 'Disco Flamino'. En caissette bien éclairée, semez clair, l'oignon blanc : 'Printanier parisien', 'de Paris', 'Elody', que vous mettrez en place début avril et récolterez en juin.
		19 d.		
		20 l.		
	18 h 26			
LUNE DESCENDANTE	♊	21 m.		Bouturez le seringat. Plantez les rosiers et les arbustes à fleur. Sur couche, repiquez le chou-fleur. Commencez à préparer plates-bandes et massifs.
		22 m.		
	1 h 44			
Pleine lune 15 h 11	♋	23 j.		Replantez le sapin de Noël dans un espace suffisamment vaste. Plantez les haies, les arbustes à feuilles caduques. Coupez le bois de chauffage. Élaguez les grands arbres. Préparez l'aspergeraie à planter dans quelques semaines.
		24 v.		
	20 h			
Apogée 17 h	♌	25 s.		*Le 25, ne jardinez pas l'après-midi.* Plantez les arbres fruitiers et en région douce, tous les agrumes. Taillez la vigne et les arbres à pépins. Sélectionnez les greffons. Étiquetez, enterrez jusqu'aux greffes de mars. Brossez les troncs pour éliminer mousses, lichens, insectes. Appliquez un traitement d'hiver. Épandez du compost.
		26 d.		
		27 l.		
	19 h 06			
☊ 8 h 56	♍	28 m.		*Le 28, ne jardinez pas avant 14 h.* Mêmes travaux que le 1er janvier. En région douce, plantez la pomme de terre précoce.
		29 m.		
		30 j.		
	13 h 57			
☾ 19 h 40	♎	31 v.		En serre, en godets de tourbe, plantez le pois de senteur 'Galaxie' à mettre en place fin mars.

Vos observations personnelles

Les heures du calendrier sont données en temps universel (T.U.). Pour obtenir l'heure française, ajoutez 1 heure en hiver (voir page 34). Exemple : le 31 janvier, la Lune se profile devant la constellation de la Vierge jusqu'à 13 h 57 T.U., soit 13 h 57 + 1 h = 14 h 57 au clocher. Elle arrive alors devant la constellation de la Balance.

Février 1997

Lune	Événements	Signe	Jour	Travaux
LUNE DESCENDANTE		♎	1 s.	**P**lantez les arbustes à fleur.
		23 h 21 ♏	2 d.	**R**epiquez sous châssis la laitue et la romaine. Taillez la haie.
			3 l.	
LUNE ASCENDANTE		5 h 19 ♐	4 m.	**M**êmes travaux que les 16 et 17 janvier.
			5 m.	
		6 h 06 ♑	6 j.	**S**emez sous châssis la carotte, le radis, le navet, le poireau, l'oignon. ***Le 7, ne jardinez pas après 16 h.***
	● 15 h 06 Périgée 21 h		7 v.	
		2 h 12 ♒	8 s.	**E**n caissette, en serre, semez les annuelles : impatiens, pétunia, muflier, giroflée de Nice, œillet, lobélia.
			9 d.	
	☊ 7 h 11	17 h 51 ♓	10 l.	**S**emez la laitue 'Belle de Mai', la romaine, l'épinard d'été, le persil, le cerfeuil, la ciboulette, et, sous abri en caissette la batavia, le basilic. Semez aussi le chou d'été 'Tête de pierre'. ***Le 10, ne jardinez pas le matin.*** **Le 11 février : mardi gras.**
			11 m.	
		9 h 07 ♈	12 m.	**S**emez la fève, le pois précoce à grain rond, le pois chiche. En godets, au chaud, semez la tomate, l'aubergine, le melon.
			13 j.	
	☉ ♒ ☽ 8 h 58	3 h 54 ♉	14 v.	**S**ous châssis, semez la carotte courte et demi-longue à forcer avec quelques radis roses, une variété hâtive de navets, ainsi que toute variété de betteraves, et de poireaux.
			15 s.	
			16 d.	

Vos observations personnelles

Février 1997

LUNE DESCENDANTE	Signe	Jour	Travaux
	♊	**17** l.	**S**emez en godets de tourbe, sous châssis, le delphinium à mettre en place en mai 'Géant Pacific', 'Casablanca', 'Cardinal'. Bouturez le romarin, la sauge, le seringat, la symphorine, le weigela… Taillez les bougainvillées.
		18 m.	
	7 h 45		
	♋	**19** m.	**R**epiquez sur couche laitue et romaine. Élaguez les grands arbres, coupez les bois d'œuvre et de chauffage. Plantez la haie. Taillez le buis.
		20 j.	
	2 h 11		
Apogée 17 h	♌	**21** v.	***Le 21, ne jardinez pas l'après-midi.*** **T**aillez la vigne, les arbres à pépins, le pêcher prêt à fleurir. Traitez à la bouillie bordelaise. Plantez les arbres fruitiers et les arbustes à petits fruits. Épandez du compost, du fumier, à l'aplomb des branches extérieures. Enfouissez légèrement. Buttez les pois et les fèves.
Pleine Lune 10 h 27		**22** s.	
		23 d.	
	1 h 11		
☊ 12 h 49	♍	**24** l.	***Le 24, ne jardinez pas.*** **E**n terre légère, perméable, non fumée récemment, plantez l'ail rose, violet, l'échalote. En région douce, plantez la pomme de terre précoce.
		25 m.	
		26 m.	
		27 j.	
	20 h 18		
	♎	**28** v.	**P**lantez les rosiers, les arbustes à fleur. Repiquez les pensées, les myosotis, les pâquerettes, les giroflées. Plantez les lis.

Fleurs ....

Feuilles ....

Graines et fruits ....

Racines ....

●	Nouvelle Lune	☾	Dernier quartier
☽	Premier quartier	☊	Nœud ascendant
Pleine Lune symbol	Pleine Lune	☋	Nœud descendant

Vos observations personnelles

Mars 1997

Lune	Signe	Jour		Travaux
	6 h 22	**1** s.		**P**lantez la haie, les feuillus d'ornement. Nettoyez, fertilisez, aérez la pelouse. Divisez l'oseille, éclaircissez les épinards, la laitue semée le mois dernier. C'est le meilleur moment pour planter la nouvelle aspergeraie.
☾ 9 h 38	♏	**2** d.		
LUNE ASCENDANTE	14 h 06	**3** l.		**G**reffez la vigne. Semez le haricot sous abri. À bonne exposition, semez le pois à grain rond, la fève 'trois fois blanche', 'Merveille de Kelvedon', 'Plein panier', 'Téléphone'.
	♐	**4** m.		
	16 h 34	**5** m.		**S**emez carotte, betterave, navet, panais, poireau, oignon, radis… (protégez la nuit).
	♑	**6** j.		
	13 h 32	**7** v.		**C**ommencez à semer en place les annuelles : œillet de poète, campanule, scabieuse, gypsophile, œillet d'Inde, pétunia, cosmos… En godets, sous abri, semez le ricin, le haricot d'Espagne… ***Le 8, ne jardinez pas avant 13 h.***
Périgée 9 h	♒	**8** s.		
● 1 h 15 éclipse de soleil	5 h 07	**9** d.		***Le 9, ne jardinez pas après 12 h.*** **Le 10 mars, grande marée exceptionnelle.** **S**emez une bordure d'aromatiques : persil, sarriette, ciboulette, oseille, cerfeuil… Sous abri, la romaine, le basilic, le céleri à côtes… En terrain frais, l'épinard.
☋ 17 h 28	♓	**10** l.		
☉ ♓		**11** m.		
	18 h 52			
	♈	**12** m.		**S**emez la lentille, le pois ridé, le pois à grain rond… En serre, en godets : melon, tomate, aubergine, poivron.
	12 h 13	**13** j.		**S**ous châssis, en terrine, semez le céleri-rave à repiquer 3 ou 4 fois en terre enrichie. Mêmes travaux que le 6 mars. Sur sol bien terreauté, semez une variété à racines longues de carottes 'à forcer nantais', 'Candia', 'de Croissy', 'Rouge plat hâtif'.
	♉	**14** v.		
☽ 0 h 06		**15** s.		

Vos observations personnelles

Mars 1997

Lune	Signe	Jours	Travaux
LUNE DESCENDANTE	6 h 50 ♊	16 d. 17 l. 18 m.	**M**ettez en place le chou-fleur, les œilletons d'artichaut. Plantez le bégonia, l'anémone du Japon, en terre bien ameublie, les pois de senteur semés en godets en janvier. Bouturez le pélargonium. Mêmes travaux que les 17 et 18 février.
	14 h 01 ♋	19 m.	**M**eilleur moment pour planter la nouvelle aspergeraie. Éclaircissez les épinards. Repiquez la laitue, la romaine, le chou…
Équinoxe de printemps 13 h 55 Apogée 0 h	8 h 30 ♌	20 j. 21 v. 22 s.	**T**aillez les oliviers, la vigne, les arbustes à petits fruits, les pêchers prêts à fleurir. Traitez contre la cloque. Plantez la fraiseraie.
☊ 19 h 05 ○ 4 h 45 éclipse de lune	7 h 28 ♍	23 d. 24 l. 25 m. 26 m.	***Le 23, ne jardinez pas après 14 h.*** **Rameaux le 23 mars.** **E**n terre légère, perméable, non fumée récemment, plantez l'ail, l'échalote. En région douce, plantez la pomme de terre précoce. Éclaircissez carottes et navets. Repiquez poireaux et oignons.
	1 h 57 ♎	27 j. 28 v.	**D**ernier moment pour planter les rosiers et arbustes à fleur. Plantez le lis. Repiquez pensées, myosotis, pâquerettes, giroflées. Taillez les hortensias. Divisez les perce-neige.
	12 h ♏	29 s. 30 d.	**M**êmes travaux que le 19 mars. **Pâques le 30 mars.** **Le même jour, changement d'heure (temps universel +2 h).**
☾ 19 h 38	20 h 29 ♐	31 l.	**E**n pépinière, greffez la vigne. Semez le haricot sous protection. Semez le pois mangetout.

Vos observations personnelles

1999 PL 2/3
1er Q 24/3
PL 31/3

Les heures du calendrier sont données en temps universel T.U. (voir page 34). Pour obtenir l'heure française, ajoutez 2 heures en été à partir du dimanche 30 mars. Exemple : le dimanche 30 mars, la Lune se profile devant la constellation du Scorpion jusqu'à 20 h 29 T.U. soit 20 h 29 + 2 h = 22 h 29 au clocher.

Avril 1997

Lune	Signe	Jour	Travaux
LUNE ASCENDANTE	♐	1 m.	**S**emez la lentille, le pois ridé, le pois à grain rond… En serre, en godets, melon, tomate, aubergine, poivron…
	0 h 31 ♑	2 m.	**S**ous châssis, en terrine, semez le céleri-rave à repiquer 3 ou 4 fois en terre enrichie ; en région douce et humide : le fenouil. À toute exposition, semez carotte, radis, betterave, oignon, poireau.
		3 j.	
	23 h 06 ♒	4 v.	**S**emez en place ou en pépinière les annuelles : reine-marguerite, lobélia, lavatère, clarkia, cosmos, belle-de-nuit, œillet d'Inde, capucine, etc. et en godets pour les balconnières pétunia, impatiens, coléus… *Le 5, ne jardinez pas après 12 h.*
Périgée 17 h ☋ 4 h 15		5 s.	
	15 h 42 ♓	6 d.	*Le 6, ne jardinez pas avant 10 h.* **S**emez en place toute salade : feuilles de chêne, salad bool ; en poquets, à bonne exposition, le céleri à côtes, le cardon, la poirée ; en terrain humide et irrigable : le cresson de fontaine. Semez la pelouse, l'épinard d'été, le chou d'hiver…
● 11 h Lune rousse		7 l.	
	5 h 36 ♈	8 m.	**M**êmes travaux que le 1er avril. Semez le pois chiche.
		9 m.	
	22 h 11 ♉	10 j.	**M**êmes travaux que les 2 et 3 avril. À mi-ombre, semez le navet, le panais.
		11 v.	
LUNE DESCENDANTE (à partir de 15 h 05)	15 h 05 ♊	12 s.	**B**outurez les chrysanthèmes. Plantez les œilletons d'artichaut 'Gros vert de Laon' à un mètre les uns des autres. Ajoutez un bon compost. Repiquez le chou-fleur. Commencez à plantez les glaïeuls et les bulbes d'été.
		13 d.	
☽ 17 h		14 l.	
	21 h 18 ♋	15 m.	**R**epiquez la laitue, la romaine, le chou d'été. Éclaircissez l'épinard. En terre légère, plantez l'estragon.
	15 h 32	16 m.	

La pomme de terre

Elle passe sa vie en terre : vous la cultiverez, la soignerez, la récolterez en lune descendante devant la constellation de terre de la Vierge.
À l'automne, enrichissez votre sol de compost bien mûr ou de fumier de ferme.
Plantez à la floraison des lilas. Déposez les plants à 10 cm ou plus de profondeur selon votre terrain et à 35/40 cm de distance les uns des autres, le germe dirigé vers le haut. Recouvrez sans tasser.
À la levée, 2,3,4 semaines plus tard, buttez plus ou moins selon la température.
Binez, entretenez, surveillez, traitez au besoin contre le mildiou ou le doryphore.
Coupez le feuillage quand il jaunit, 3 semaines avant la récolte présumée.
Arrachez les tubercules en douceur. Laissez reposer quelques heures. Entreposez à l'abri de la lumière.
Pour un climat en avance ou en retard sur notre calendrier, avancez ou reculez vos plantations de 27 jours ou de plusieurs fois 27 jours, quand la Lune se profile devant la constellation de la Vierge.

1999 PL du ~~30/4~~ 31/3 Pâque 4/4
DQ 9/4
NL 16/4
DQ 22/4
PL 30/4
2000 PL Ma 18/4
DQ Me 26/4

Méfiez-vous des gelées tardives d'avril et de mai. Ne rangez pas les protections. Cette année, la Lune rousse débute le 7 avril et devrait être particulièrement inquiétante en Lune descendante dès le 10. Prenez des précautions.

Avril 1997

Lune		Signe	Jour	
LUNE DESCENDANTE	Apogée 15 h	♌	**17** j.	***Le 17, ne jardinez pas après 10 h.*** Sous abri ou en pleine terre, en région douce, mettez en place la tomate.
	⊙♈		**18** v.	
		14 h 30	**19** s.	
	☊ 1 h 42	♍	**20** d.	Meilleur moment pour planter les pommes de terre à conserver. Buttez les premières plantations. Éclaircissez carottes, betteraves, navets… Repiquez poireaux et bulbilles d'oignons.
			21 l.	
	Pleine Lune 20 h 34	8 h 22	**22** m.	
		♎	**23** m.	Plantez les bulbeuses d'été : glaïeuls, montbrétias, dahlias, cannas. Plantez vos plates-bandes, massifs, balconnières. Repiquez le surfinia.
		17 h 56	**24** j.	
		♏	**25** v.	Éclaircissez l'épinard. Repiquez laitue, romaine, chou…
		1 h 55	**26** s.	
LUNE ASCENDANTE		♐	**27** d.	Greffez les fruitiers en fente, en incrustation ou en couronne. Semez tous les pois et lentilles, le pois chiche. Semez le melon en godets de tourbe (2 ou 3 graines par godet). Semez les coloquintes en poquets.
		6 h 19	**28** l.	
		♑	**29** m.	À mi-ombre, semez le panais, le navet ; à toute exposition la carotte, le radis, la betterave, l'oignon, le poireau ; en région douce, le fenouil ; sous abri, le céleri.
	Dernier quartier 2 h 37		**30** m.	

Fleurs ....
Feuilles ....
Graines et fruits ....
Racines ....

●	Nouvelle Lune	☾	Dernier quartier
☽	Premier quartier	☊	Nœud ascendant
(Pleine Lune symbol)	Pleine Lune	☋	Nœud descendant

Vos observations personnelles

La tradition conseille de se méfier des «saints de glace» et de prendre les précautions utiles le jour de St Eutrope ou Tropet le 30 avril, St Philippe le 1er mai, la Sainte-Croix le 3, Saint Nicolas le 9, St Pancrace le 12 et St Servais le 13.

Mai 1997

Lune	Signe	Jour		
LUNE ASCENDANTE	6 h 01 ♒	**1** j.		**Fête du Travail.** Semez, au soleil, le long d'un treillage, les grimpantes : haricot d'Espagne, volubilis, pois de senteur… Semez en place toutes les annuelles : lobélia, cosmos, clarkia…
		2 v.		
Périgée 11 h ☋ 11 h 36	23 h 55 ♓	**3** s.	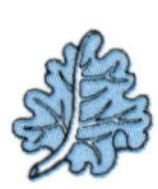	***Le 3, ne jardinez pas.*** Semez en place toute variété de salade à éclaircir ; en poquets : le céleri à côtes, le cardon, la poirée ; en bordure : le basilic, le persil, etc. en terrain humide : la tétragone. Semez le gazon.
		4 d.		
		5 l.		
● 20 h 47	15 h 19 ♈	**6** m.		Semez toute variété de haricots à consommer verts ou en grains. Semez courgettes, concombres, cornichons, potirons, pâtissons. Semez le sarrasin, le maïs doux en poquets espacés de 30 cm en tous sens.
		7 m.		
	8 h 07 ♉	**8** j.		Semez le navet, le salsifis, la carotte potagère. Commencez vos semis de poireaux pour l'hiver. **Ascension, le 8.** Sur bonne terre ameublie et bien compostée, semez en ligne la betterave 'Crapaudine' ou 'Globe'. Binez à 3 feuilles.
		9 v.		
LUNE DESCENDANTE	0 h 17 ♊	**10** s.		Terminez vos plantations de bulbeuses d'été. Apportez des débris d'ardoise au pied des hortensias que vous voulez faire bleuir. Taillez les lilas défleuris.
		11 d.		
☉♉	5 h 35 ♋	**12** l.		Mettez en place toute salade semée sous abri.
		13 m.		
☽ 10 h 55 Apogée 10 h	23 h 21 ♌	**14** m.		***Le 15, ne jardinez pas avant 15 h.*** Mettez en place tomates, melons, aubergines, poivrons, potirons… Faites un tour au verger. Vérifiez les greffes.
		15 j.		
		16 v.		
	22 h 18			

1999 DQ 8/5
NL 15/5
DC 22/5
PL 30/5

Mai 1997

Lune		Signe	Jour	Conseils
LUNE DESCENDANTE		♌	16 v.	
	♌ 6 h 36	22 h 18 ♍	17 s.	*Le 17, ne jardinez pas avant 12 h.* Buttez les pommes de terre tardives. Éclaircissez les carottes, les betteraves, les navets, etc. Repiquez les poireaux et les céleris-raves.
		♍	18 d.	
		♍	19 l.	**Pentecôte, le 18 mai.**
		♍	20 m.	
		16 h 08 ♎	21 m.	Plantez les bulbeuses d'été : glaïeuls, montbrétias, dahlias, cannas. Plantez plates-bandes, massifs, balconnières… Taillez les arbustes défleuris.
	☺ 9 h 13	1 h 20 ♏	22 j.	Plantez toute salade : laitue, scarole, chicorée… Mettez en place le basilic semé sous abri.
		♏	23 v.	
LUNE ASCENDANTE		8 h 18 ♐	24 s.	**Fête des Mères le 25 mai.** Semez les haricots, pois, lentilles, courgettes, concombres, cornichons, potirons… Semez le sarrasin ; en poquets : le maïs doux et le pâtisson.
		♐	25 d.	
		11 h 51 ♑	26 l.	Semez le salsifis, la carotte potagère. Semez vos poireaux pour l'hiver.
		♑	27 m.	
		11 h 26 ♒	28 m.	Semez en place capucines, haricots d'Espagne, pois de senteur, ipomées, giroflées… Semez en godets de tourbe et terreau léger le chou brocoli à récolter en octobre. *Le 29, ne jardinez pas avant 12 h.*
	☾ 7 h 51 Périgée 7 h	♒	29 j.	
	☋ 14 h 17	5 h 54 ♓	30 v.	*Le 30, ne jardinez pas après 9 h.* Semez la chicorée-endive en rayons peu profonds. Éclaircir dans un mois et repiquer. Semez le gazon et l'épinard d'été.
		♓	31 s.	

Dernier saint de glace le 25 : Urbain dit Robinet dans les pays de vignoble.

Que Saint Urbain ne soit passé
Le vigneron n'est pas assuré.

Hautes-Alpes

Juin 1997

LUNE ASCENDANTE	♓	**1** d.		**S**emez toute variété de salade à éclaircir. Semez le persil en bordure.
	22 h 51 ♈	**2** l.	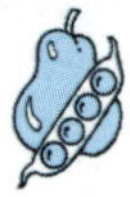	**S**emez toute variété de haricots à consommer en vert ou en grains. En poquets, semez le potiron, le pâtisson, le maïs doux.
		3 m.		
	16 h 31 ♉	**4** m.		**S**ur une bonne terre ameublie et bien fumée, semez en ligne la betterave 'Crapaudine', 'Globe'. Binez. Éclaircissez. Récoltez en fin d'été.
● 7 h 04		23/5/01 **5** j.		
LUNE DESCENDANTE	9 h 07 ♊	**6** v.		**M**arcottez les œillets. Taillez les arbustes défleuris. À juste maturité, cueillez le tilleul et les fleurs médicinales de saison. Plantez les glaïeuls pour une floraison automnale. En terre bien fumée, mettez en place les godets de brocolis semés en mai.
		7 s.		
		8 d.		
	14 h 03 ♋	**9** l.		**T**oilettez la pelouse. Repiquez laitue, scarole, chicorée, basilic.
	7 h 28 ♌	**10** m.		**É**claircissez pommes, poires, pêches. Taillez en vert, pommier, poirier, vigne. Pincez le melon, la tomate, le potiron, le pâtisson.
		11 m.		
Apogée 5 h		**12** j.		*Le 12, ne jardinez pas avant 10 h.*
☽ 4 h 52 ☊ 9 h 18	6 h 21 ♍	**13** v. 30/5/01		*Le 13, ne jardinez pas avant 15 h.* **R**epiquez les poireaux. Éclaircissez carottes et navets. Binez. Pensez à récolter l'ail ou à nouer les feuilles.
		14 s.		
		15 d.		
		16 l.		

Vos observations personnelles

Les heures du calendrier sont données en temps universel (T.U.) (voir p. 34). Pour obtenir l'heure française d'été, ajoutez 2 h.

Juin 1997

Lune	Événements	Signe / heure	Jour	Travaux
LUNE DESCENDANTE		♍	**16** l.	Mêmes travaux que les 14 et 15 juin.
		0 h 55 ♎	**17** m.	Mêmes travaux que le 7 juin.
		10 h 10	**18** m.	Mêmes travaux que le 9 juin. Éclaircissez les plants de chicorée Witloof à 10 cm et repiquez les racines arrachées en terre très ameublée.
		♏	**19** j.	
	☉♊		**20** v.	
LUNE ASCENDANTE	🌕 19 h 09 **Solstice d'été 8 h 21**	16 h 34 ♐	**21** s.	Semez toute variété de haricots. Supprimez les stolons de fraisiers. Vous pouvez encore semer des coloquintes.
			22 d.	
		17 h 57 ♑	**23** l.	Semez une variété hâtive de betteraves rouges, des carottes pour l'hiver et toujours des radis. ***Le 24, ne jardinez pas avant 10 h.***
	Périgée 5 h	17 h 25	**24** m.	Semez des pensées pour une floraison automnale et en caissette, à l'ombre jusqu'à la levée des vivaces pour l'an prochain : benoîte, delphinium, lupin, lychnis, gaillarde, ancolie, campanule… Maintenez une humidité régulière. ***Le 26, ne jardinez pas.***
		♒	**25** m.	
	☋ 14 h 53	11 h 18	**26** j.	
			27 v.	Semez en ligne, à éclaircir, la scarole et la batavia, le chou d'hiver 'Milan', 'de Pontoise', le pourpier à la volée. Semez en poquets le cardon 'Plein blanc'.
	☾ 12 h 42	♓	**28** s.	
		4 h 34	**29** d.	Semez toute variété de potiron et courgette, pâtisson.
		♈	**30** l.	
		22 h 58		

Vos observations personnelles

Le 21, jour du solstice et jour le plus long de l'année, notez le point de votre horizon où le Soleil se lève et celui où il se couche à l'extrême nord de sa course, chemin que suivra la pleine Lune du 14 décembre.

Juillet 1997

Lune	Événements	Signe	Jour	Conseils
		♉	**1** m.	**S**emez les carottes d'hiver 'Rouge de Chantenay', ou 'de Colmar' et à l'ombre, en terrain frais, panais et navets.
			2 m.	
LUNE DESCENDANTE		16 h 36	**3** j.	
	● 18 h 40	♊	**4** v.	**B**outurez le pérovskia, le fuchsia. Écussonnez les églantiers. Ébourgeonnez les chrysanthèmes à grosses fleurs. Vous pouvez encore repiquer pétunia, verveine, pourpier…
			5 s.	
		21 h 50 ♋	**6** d.	**T**ondez la pelouse. Repiquez chicorée frisée, laitue de saison, scarole, poirée, cardon…
		15 h 11	**7** l.	
		♌	**8** m.	**P**incez la tomate, le melon, l'aubergine. Stoppez le potiron, le pâtisson au 2e ou 3e fruit. Visitez le verger : rectifiez la taille en vert des pommiers, poiriers, de la vigne. Commencez à ciselez le raisin de table et ensachez les grappes.
	Apogée 23 h		**9** m.	
	☊ 11 h 23	14 h 01	**10** j.	***Le 10, ne jardinez pas.***
		♍	**11** v.	**P**ar temps sec, à bonne maturité, récoltez l'ail, arrachez les oignons. Laissez un peu ressuyer au soleil. Plantez les poireaux profondément à 12 cm. Éclaircissez carottes et navets. Préparez la terre pour les semis d'oignons à effectuer après le 15 août.
	☽ 21 h 44		**12** s.	
			13 d.	**Fête nationale.**
		9 h 41 ♎	**14** l.	**R**epiquez le chou-fleur. Refaites les plantations d'iris au soleil. En sol bien drainé, dans un coin du potager bien repéré, plantez le safran.
			15 m.	
		19 h 29 ♏	**16** m.	**M**ettre en place le pissenlit à faire blanchir pour l'hiver. Repiquez le chou, la scarole, la frisée.

Vos observations personnelles

Si vous laissez votre sol sans protection, sans couvert, profitez de la Lune descendante pour le griffer ou le biner, et empêcher une croûte de se former, afin de permettre à l'eau de parvenir aux racines. Appliquez toujours le plan des travaux à exécuter selon la nature des plantes et celle des constellations (voir pp. 32, 33 et suivantes), surtout si vous n'avez pu effectuer vos semis ou plantations à un moment optimal.

Juillet 1997

Lune	Signe	Jour	Travaux
	♏	16 m. 17 j.	Mêmes travaux que le 6 juillet.
☉♋	2 h 17 ♐	18 v. 19 s.	Greffez en écusson pêcher, cerisier, poirier, pommier, amandier. Continuez à pincer tomates et melons.
☺ 3 h 20 Périgée 23 h	4 h 09 ♑	20 d. 21 l.	Semez la carotte 'Potagère de Colmar' à éclaircir deux fois, et le radis d'hiver.
☊ 17 h 51	1 h 28 ♒	22 m. 23 m.	Mêmes travaux que le 25 juin. Semez le myosotis des Alpes, la pensée à grandes fleurs, la pâquerette à mettre en place en automne entre les bulbes de tulipes. ***Le 23, ne jardinez pas après 12 h.***
LUNE ASCENDANTE	18 h 07 ♓	24 j. 25 v.	Semez la laitue pommée d'automne et d'hiver, la chicorée sauvage 'Rouge de Vérone', le chou de Chine petsaï 'Tokio king', 'Monument', 'Kido'. Semez l'oseille, le persil, la mâche.
☾ 18 h 28	10 h 05 ♈	26 s. 27 d.	Semez encore des haricots à consommer verts et le pois nain très hâtif à récolter en septembre.
	4 h 22 ♉	28 l. 29 m. 30 m.	Semez les carottes d'hiver 'Rouge de Chantenay' ou 'de Colmar' et à l'ombre, en terrain frais, navets et panais.
	22 h 40	31 j.	Écussonnez les églantiers, de préférence par temps couvert. Bouturez les fuchsias.

Vos observations personnelles

Août 1997

LUNE DESCENDANTE

Lune	Signe	Jour		Conseils
	♊	**1** v.		**É**bourgeonnez les chrysanthèmes à grosses fleurs.
	4 h 30 ♋	**2** s.		**R**epiquez la chicorée frisée, la scarole, la laitue de saison, le chou d'hiver, le chou de Chine.
● 8 h 14	22 h 03	**3** d.		
	♌	**4** l.	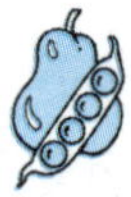	**C**ontinuez à pincer la tomate, le melon, l'aubergine. Éliminez les branches inutiles. Vérifiez et rectifiez la taille en vert des pommiers, des poiriers, de la vigne.
		5 m.		
Périgée 14 h ☊ 14 h 58	20 h 56	**6** m.		*Ne jardinez pas le 6 août.*
	♍	**7** j.		**P**lantez les poireaux profondément à 12 cm. Éclaircissez carottes et navets. Préparez la terre pour les semis d'oignons à faire à partir du 17 août.
		8 v.		
		9 s.		
☉ ♌	17 h 30	**10** d.		
☽ 12 h 43	♎ 4 h 03	**11** l.		**P**incez les chrysanthèmes. Refaites vos plantations d'iris. Plantez les colchiques pour l'automne et le safran au jardin.
	♏	**12** m.	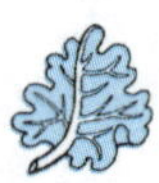	**T**ondez, toilettez, roulez la pelouse. Mettez en place les choux. Repiquez la scarole, la frisée.
		13 m.		
	12 h 10 ♐	**14** j.		**É**cussonnez les arbres fruitiers, de préférence par temps couvert. Pincez la tomate, le melon. **Assomption.**
		15 v.		
	14 h 39	**16** s.		

Vos observations personnelles

Du **23 juillet au 24 août,** la constellation du Chien à laquelle appartient Sirius, l'étoile la plus brillante du ciel, se lève et se couche en même temps que le Soleil. L'époque des grandes chaleurs qui règnent alors a pris le nom de "canicule". Pour la petite histoire, saint Dominique le **8** août, saint Roch le **16,** saint Christophe le **21,** sont souvent représentés avec un chien à leur côté.

Août 1997

Lune	Phénomènes	Heure	Signe	Jour	Travaux
LUNE ASCENDANTE				16 s.	
		14 h 39	♑	17 d.	C'est la meilleure période pour semer l'oignon blanc hâtif et de couleur, à mettre en place en octobre.
	◯ 10 h 56	11 h 36		18 l.	Semez la pensée à grandes fleurs, le myosotis des Alpes, la pâquerette à mettre en place en automne. En serre, en caissette, en terre humide et à l'ombre, semez la primevère obconique, le muflier.
	Périgée 5 h		♒	19 m.	***Le 19, ne jardinez pas avant 10 h.***
	☋ 1 h 26	3 h 17		20 m.	***Le 20, ne jardinez pas avant 7 h.***
			♓	21 j.	Semez la laitue pommée d'automne et d'hiver, la chicorée sauvage, le chou de Chine, la mâche 'Coquille de Louviers', l'oseille, le persil. Semez les engrais verts, le trèfle incarnat à enfouir au printemps.
				22 v.	
		17 h 13	♈	23 s.	Dernier moment pour semer des haricots à consommer en vert : 'la Victoire', 'Processor'.
		10 h 27		24 d.	Terminez vos récoltes d'ail et d'échalote. Semez la carotte et le radis d'hiver 'Blanc dur d'hiver', 'Jaune boule d'or', 'Bency' et le radis d'automne 'de Munich', 'Bleus de Hild'. Semez les oignons.
	☾ 2 h 24		♉	25 l.	
				26 m.	***Mêmes travaux que le 17 août.***
LUNE DESCENDANTE		4 h 13		27 m.	Bouturez les rosiers. Multipliez les vivaces ne fleurissant plus. Éboutonnez les chrysanthèmes, les dahlias. Divisez les artichauts.
			♊	28 j.	
		10 h 19		29 v.	Repiquez la chicorée frisée, la scarole, la laitue de saison, le chou d'hiver, le chou de Chine…
			♋	30 s.	
		4 h 09	♌	31 d.	Continuez à pincer la tomate, le melon, l'aubergine.

Vos observations personnelles

Septembre 1997

Lune	Signe	Jour	Conseils
LUNE DESCENDANTE ☊ 20 h 29 Apogée 21 h ● 23 h éclipse de soleil	♌	**1** l.	**C**iselez le raisin de table. Ensachez les grappes. Préparez la fraiseraie sur un carré bien exposé, travaillé en profondeur. Épandez un compost bien mûr.
	♌	**2** m.	*Le 2, ne jardinez pas l'après-midi.*
	3 h 09 ♍	**3** m.	**É**claircissez carottes et navets. Désherbez. Préparez le terrain pour les semis de carotte, la semaine prochaine.
	♍	**4** j.	
	♍	**5** v.	
	♍	**6** s.	
	23 h 59 ♎	**7** d.	**S**upprimez les fleurs fanées. En terre bien drainée, plantez l'œillet vivace 'Doris', le lis de la Madone (profondeur : 2 ou 3 bulbes), le crocus, l'hémérocalle. Divisez les vivaces dont la floraison est terminée.
	♎	**8** l.	
	11 h 05 ♏	**9** m.	**R**epiquez toute variété de salade : chicorée frisée 'Cornet d'Anjou', scarole, laitue d'hiver. Blanchissez chicorée et céleri-branche au fur et à mesure des besoins. Étêtez les choux de Bruxelles. Éclaircissez les épinards. Plantez les conifères.
☽ 1 h 31	♏	**10** m.	
LUNE ASCENDANTE	20 h 44 ♐	**11** j.	**R**écoltez courge, potiron, poivron, tomate et tout fruit à bonne maturité.
	♐	**12** v.	
	0 h 45 ♑	**13** s.	**S**ous abri, en ligne, semez la carotte à récolter au printemps avec quelques radis roses.
	♑	**14** d.	
⊙ ♍	22 h 32 ♒	**15** l.	**S**emez les vivaces pour l'an prochain : ancolie, pied d'alouette, lupin, lavatère, hellébore... Cueillez le brocoli avant l'éclosion des boutons et au fur et à mesure des besoins.
☋ 12 h 14	♒ 14 h 10	**16** m.	*Le 16, ne jardinez pas.*

Vos observations personnelles

Septembre 1997

LUNE ASCENDANTE	Périgée 16 h 🌕 18 h 51 éclipse de lune	14 h 10	**16** m.
		♓	**17** m.
			18 j.

Semez l'épinard d'hiver, la mâche 'Verte de Louviers', 'Verte de Cambrai', la laitue d'hiver 'Val d'Orge', 'Merveille d'hiver', de Verrières', 'Brune d'hiver', le persil, le cerfeuil, le cresson alénois. Sur terre bien préparée, semez le gazon.

LUNE ASCENDANTE		2 h 40	**19** v.
		♈	**20** s.

Semez le pois à grain rond. Par beau temps, cueillez tous les haricots en grains, les dernières tomates. Faites vos provisions de fenouil pour l'hiver.

LUNE ASCENDANTE		18 h 33	**21** d.
	Équinoxe d'automne 23 h 57	♉	**22** l.

Mêmes travaux que les 13 et 14 septembre.

LUNE DESCENDANTE	☾ 13 h 35	10 h 37	**23** m.
		♊	**24** m.
			25 j.

Plantez les bulbeuses de printemps – à 2 fois la hauteur du bulbe : crocus, perce-neige, jacinthe, fritillaire impériale, tulipe… Mettez en place pensée, pâquerette, myosotis… Rempotez les chrysanthèmes. Bouturez en caissette le surfinia à hiverner en serre. Divisez les vivaces. Refaites les plantations d'hémérocalles.

LUNE DESCENDANTE		16 h 13	**26** v.
		♋	**27** s.

Repiquez le chou de printemps à récolter en mars. Débuttez l'aspergeraie. Coupez et brûlez les tiges. Épandez un bon compost.

LUNE DESCENDANTE		10 h 05	**28** d.
		♌	**29** l.
	Apogée 0 h		**30** m.

Élaguez les arbres à noyau : cerisiers, pruniers, amandiers. Taillez les pêchers. Supprimez les coursonnes qui ont fructifié. Mastiquez les plaies. Plantez la fraiseraie 'Belrubi', 'Gento', 'Gariguette', 'Mara des bois'. Commencez à préparer les trous de plantation des fruitiers pour qu'ils soient bien ensoleillés.
Le 30, ne jardinez pas le matin.

LUNE DESCENDANTE	☊ 2 h 44	9 h 13 ♍	

Repiquez les oignons semés en août. Arrachez carottes et navets à conserver en silos ou couvrez de feuilles mortes les plantations laissées en terre.

Vos observations personnelles

Octobre 1997

Lune		Signe	Jour		Travaux
LUNE DESCENDANTE	● 16 h 52	♍	**1** m.		**A**u fur et à mesure des récoltes, nettoyez le jardin, épandez du compost. Mêmes travaux que les 15 et 16 septembre.
			2 j.		
			3 v.		
		5 h 43 ♎	**4** s.		**T**erminez la plantation des bulbes de printemps. Buttez les rosiers et mettez les cendres de cheminée à leur pied. Bouturez en caissettes les surfinias et tous végétaux à hiverner en serre. Divisez les vivaces.
			5 d.		
		16 h 52 ♏	**6** l.		**M**êmes travaux que le 26 septembre. Récoltez les chicons de Witloof et replantez les racines en cave ou à l'obscurité.
			7 m.		
LUNE ASCENDANTE		3 h 19 ♐	**8** m.		**R**écoltez les dernières tomates, les potirons, les pommes et les poires de conservation, les coings… En région douce, commencez à semez la fève 'Agualduce à longue cosse'. Faites des apports de cendre de bois.
	☽ 12 h 22		**9** j.		
		8 h 57 ♑	**10** v.		**S**ous abri, en ligne, semez la carotte à récolter au printemps avec quelques radis roses.
			11 s.		
		8 h 20 ♒	**12** d.		**S**emez la marjolaine à cueillir en juillet pour les pizzas de l'été prochain. En place, en poquets, semez lupin, ancolie, pied d'alouette, rose trémière.
	☋ 22 h 37		**13** l.		
	Périgée 2 h	0 h 58 ♓	**14** m.	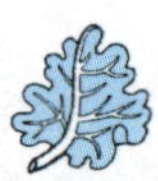	**S**emez la mâche et l'épinard d'hiver, le persil double de fin d'été. Sous abri, semez des laitues de châssis.
			15 m.		
	○ 3 h 46	13 h 36	**16** j.		

Vos observations personnelles

À chaque récolte, la terre s'appauvrit des légumes et fruits donnés. Il convient de lui refaire une santé. Un apport d'amendements adaptés, de compost affiné, de fumures vivifiantes fait en lune descendante du **8** octobre et du **21** octobre au **4** novembre.

Octobre 1997

Lune		Signe	Jour		Travaux
LUNE ASCENDANTE		13 h 36	**16** j.		
		♈	**17** v.		**C**ontinuez à cueillir les pommes, les potirons, les pâtissons, les coings, etc. Semez les céréales. En région douce, semez le pois à longue cosse 'Caractus', 'Express', à récolter en février.
			18 s.		
		4 h 41			
		♉	**19** d.		**C**ontinuez à préparer le jardin au repos hivernal. Nettoyez, piochez. Épandez du compost ou du fumier. Mêmes travaux que les 10 et 11 octobre.
			20 l.		
LUNE DESCENDANTE		18 h 53			
		♊	**21** m.		**B**outurez le surfinia à hiverner en serre. Divisez les vivaces, les grandes marguerites, les asters… Refaites les plantations d'hémérocalles. Apportez un bon compost. Terminez la plantation de vos massifs pour le printemps (bulbes et annuelles).
			22 m.		
		23 h 16			
	☾ 4 h 48	♋	**23** j.		**R**epiquez le chou de printemps à récolter en mars. Débuttez l'aspergeraie (voir 26 septembre). Mêmes travaux que les 6 et 7 octobre.
		16 h 42			
			24 v.		**P**lantez plusieurs variétés de noisetiers pour une bonne fécondation – 'Merveille de Bolwiller' – 'Cosford'. Plantez l'actinidia en sol léger, bien fumé, mi-ombragé (1 pied mâle pour 1 ou 2 pieds femelles). Bouturez le figuier. Dès la chute des feuilles, traitez les arbres à noyau à la bouillie bordelaise.
		♌	**25** s.		
			26 d.		**Le 26 : changement d'heure (temps universel + 1 h).**
	☊ 7 h 47 Apogée 9 h		**27** l.		***Le 27, ne jardinez pas.***
		15 h 46			
			28 m.		**R**epiquez les oignons semés en août. Arrachez les carottes et les navets à conserver ou couvrez de feuilles mortes Au fur et à mesure des récoltes, nettoyez le jardin, piochez, apportez du compost.
		♍	**29** m.		
			30 j.		
	● 10 h 01	11 h 52			
		♎	**31** v.		**P**lantez les tulipes botaniques sur un terrain où vous n'aurez pas à les arracher.

Vos observations personnelles

Dimanche **26** octobre, revenez à l'heure d'hiver T.U. + 1 h (voir p. 34). Exemple : le 31 du mois, la Lune passera de la constellation de la Vierge à celle de la Balance à 11 h 52 T.U., soit 11 h 52 + 1 h = 12 h 52 au clocher.

Novembre 1997

Lune	Signe	Jour	Conseils
LUNE DESCENDANTE ☉ ♎	♎	1 s.	**E**n terre acide, plantez le rhododendron. **Toussaint.**
	22 h 39 ♏	2 d.	**B**uttez, liez les cardons. Blanchissez les chicorées au fur et à mesure des besoins.
		3 l.	
LUNE ASCENDANTE	8 h 46	4 m.	**E**n climat doux, sur côtières bien exposées, semez la fève et le pois à grain rond 'Petit provençal', 'Douce Provence'. En toute région, essayez le pois Sainte-Catherine.
	♐	5 m.	
	14 h 57	6 j.	**S**ous abri, semez quelques carottes hâtives avec des radis roses.
☽ 21 h 43	♑	7 v.	
	15 h 42	8 s.	**R**écoltez le chou-fleur. Sous abri, en serre et en godets, semez les annuelles à mettre en place après les gelées.
	♒	9 d.	
☊ 4 h 47	9 h 47	10 l.	**S**emez des variétés d'hiver d'épinard et sous abri, des laitues de châssis.
	♓	11 m.	**Armistice de 1918.**
Périgée 8 h		12 m.	
	0 h 04	13 j.	**C**ommencez à ramasser et à récolter les olives. Cueillez les kiwis. Taillez en même temps : rabattez les rameaux latéraux à 2 bourgeons. Apportez un compost bien mûr.
	♈	14 v.	
🌕 14 h 12	15 h 23	15 s.	**E**n climat doux, après une culture de légumineuses, semez l'oignon à récolter en mai : 'Rouge pâle de Salon', 'Blanc gros tardif de Lisbonne', 'de Madère', 'Rose d'Égypte'.
	♉	16 d.	

Vos observations personnelles

Novembre est un mois voué aux préparatifs : soins du sol, apports de fertilisants, trous de plantation des fruitiers et arbres à fleur (rosiers, lilas) à mettre en place en fin de mois, début de la taille après les premières gelées, sélection des greffons à enterrer au nord jusqu'au moment des greffes en mars/avril.

Novembre 1997

LUNE DESCENDANTE

	♉	**16** d.		
	4 h 42			
	♊	**17** l.		**T**erminez vos plantations de tulipes, de bulbeuses, de pensées, de pâquerettes, etc. Bouturez le romarin, le groseillier. Binez, griffez massifs et plates-bandes. Épandez compost ou fumier.
		18 m.		
	7 h 52			
☉♏	♋	**19** m.		**R**epiquez les dernières salades. Tondez la pelouse. Épandez du compost. Éclaircissez la mâche.
		20 j.		
	0 h 31			
☾ 23 h 58	♌	**21** v.		**P**ar beau temps, plantez les arbres fruitiers. Taillez la vigne et les arbres à pépins.
		22 s.		
☊ 10 h 31		**23** d.		*Le 23, ne jardinez pas avant 16 h.*
	23 h 10			
Apogée 2 h	♍	**24** l.		*Le 24, ne jardinez pas avant 7 h.* **E**n terre légère, perméable, non fumée récemment, bien exposée, plantez l'ail Germidor, 'Messidrôme' à récolter en juillet, l'échalote grise 'Griselle', et demi-longue 'Poiré'. Après dessèchement du feuillage, récoltez le crosne au fur et à mesure de vos besoins. Conservez un pied pour vos plantations d'avril.
		25 m.		
		26 m.		
		27 j.		
	19 h 16			
	♎	**28** v.		**P**lantez les bulbes de *Lilium candidum.*
	5 h 45			
	♏	**29** s.		**B**uttez, liez les cardons. Blanchissez la chicorée. Sur côtière bien exposée, plantez la laitue d'hiver. Plantez les arbustes d'ornement à feuilles caduques. Commencez à élaguer les grands arbres. Abattez ceux que vous destinez au bois d'œuvre et de chauffage.
● 2 h 14		**30** d.		

De novembre à mars, selon le climat de votre région, par temps stable et clément, taillez, plantez les arbres et les arbustes. Coupez le bois d'œuvre et de chauffage du 17 novembre au 1er décembre, puis du 14 au 28 décembre.

	Novembre	**Décembre**
Arbustes à fleur	17, 18, 28	14, 15, 16, 25
Feuillus	2, 3, 19, 20, 29, 30	1, 17, 26, 27, 28
Arbres fruitiers	21, 22, 23	18, 19

Décembre 1997

LUNE ASCENDANTE				
	♏ 14 h 58	**1** l.		
	♐	**2** m.		**É**moussez, nettoyez, taillez les fruitiers. Appliquez les traitements d'hiver.
	20 h 23	**3** m.		
	♑	**4** j.		**L**e 4, pour suivre la tradition, semez le blé de la Sainte-Barbe pour le décor de la crêche. Sous châssis, semez la carotte à forcer avec quelques radis roses.
	21 h 10	**5** v.		
☊ 6 h 02	♒	**6** s.		**E**n serre, en terrine, semez la primevère et les annuelles à mettre en place au printemps.
☽ 6 h	16 h 02	**7** d.		
	♓	**8** l.		**R**écoltez les choux de Bruxelles. Semez sous abri les laitues de châssis.
Périgée 17 h	8 h 15	**9** m.		
	♈	**10** m.		**E**n région douce, semez la fève et le pois à grain rond 'Petit provençal.'
	0 h 40	**11** j.		
	♉	**12** v.		**S**ous châssis, semez la carotte à forcer avec quelques radis roses.
○ 2 h 37	14 h 35	**13** s.		
	♊	**14** d.		**B**uttez les artichauts. Transplantez les drageons de lilas. Par beau temps, plantez les rosiers et arbustes à fleur.
		15 l.		
	17 h 17	**16** m.		

Vos observations personnelles

Les heures sont données en T.U. (temps universel, voir page 34). Pour obtenir l'heure française d'hiver, ajoutez 1 h.

Décembre 1997

Lune	Événements	Signe	Jour	Conseils
LUNE DESCENDANTE		♊	**16** m.	En serre, en godets, bouturez l'anthémis, le lantana, le pélargonium, etc.
		17 h 17 ♋	**17** m.	Commencez à préparer la nouvelle aspergeraie. Sous châssis, repiquez la laitue pommée de printemps. Forcez l'endive. Blanchissez le pissenlit.
		9 h 18	**18** j.	
	☉ ♐	♌	**19** v.	Plantez les arbres fruitiers. Taillez la vigne et les arbres à pépins.
	☊ 12 h 18 **Solstice d'hiver 20 h 08**		**20** s.	*Le 20, ne jardinez pas.*
	☾ 21 h 43 Apogée 23 h	7 h 16	**21** d.	En terre légère, perméable, non fumée récemment et bien exposée, plantez l'ail 'Germidour' ou 'Messidrôme', l'échalote 'Griselle', demi-longue, 'Poiré', à récolter en juillet.
		♍	**22** l.	
			23 m.	
		3 h 48	**24** m.	**Noël.** Plantez les rosiers et les arbustes à fleur.
		♎	**25** j.	
		14 h 25	**26** v.	
		♏	**27** s.	Élaguez les grands arbres. Abattez ceux vous destinez au bois d'œuvre et de chauffage.
			28 d.	
LUNE ASCENDANTE	● 16 h 57	23 h 12 ♐	**29** l.	Émoussez, nettoyez, taillez les arbres à pépins. Appliquez les traitements d'hiver.
			30 m.	
		3 h 29 ♑	**31** m.	Sous châssis, semez la carotte à forcer avec quelques radis roses.

Vos observations personnelles

Une ancienne coutume consiste à prévoir le temps de chaque mois de l'année prochaine selon celui de 12 jours : de Noël au jour des Rois. Amusez-vous à vérifier cette méthode en vous rappelant que ces prévisions sont locales et valables seulement là où vous relevez ces renseignements. Plusieurs fois par jour, à heures régulières, notez l'état du ciel, le temps qu'il fait, la direction des vents, etc. Dressez un tableau que vous suivrez en 1997 en notant vos réflexions. Le temps de Noël donne le temps de janvier, celui du 26 décembre celui de février... Le temps du 5 janvier donne celui de décembre.

LA MÉTÉO
DE VOTRE JARDIN
Carnet de bord

Vous constatez souvent certaines différences entre les prévisions de la météo nationale ou régionale et le temps qu'il fait "chez vous". Ces indications demandent en effet à être affinées.

Dans votre environnement, une proche montagne, un arbre, une haie, un mur vous protègent de certains vents. À l'inverse, une vallée, une autoroute, canalisent d'autres courants importants. La présence d'un lac, par exemple, entraîne un mouvement ascensionnel de l'air non négligeable. L'altitude du lieu et d'autres facteurs locaux jouent leurs rôles. Si les microclimats sont infinis, votre jardin est unique : sa météo aussi.

Quels moyens avons-nous à notre disposition pour mieux prévoir le temps sur notre lieu de vie? Ils sont multiples mais nous allons nous limiter aux plus simples, aux plus naturels.

Va-t-il faire beau? va-t-il pleuvoir? devrai-je arroser ce soir? Ensemble, regardons le ciel : c'est là que se fait la pluie, le beau temps, le chaud, le froid.

LES INDICES

Une Lune claire entourée d'un halo, un Soleil voilé au couchant, annoncent la pluie. Vous connaissez le vent du beau temps qui chasse les nuages, dégage le ciel, laisse briller le soleil, et celui de la pluie qui véhicule les odeurs de telle usine, le carillon de tel clocher et dessine minutieusement le contour de telle montagne habituellement estompée dans les lointains. Et puis, les insectes, les oiseaux sentent la pluie ou l'orage et se manifestent de différentes façons que nous pouvons observer.

La forme des nuages peut aussi vous aider. Reportez-vous aux livres spécialisés qui en présentent des photos caractéristiques.

LES COURBES SOLI-LUNAIRES

Le Soleil

Le 1er janvier, au début de l'année civile, la déclinaison* du Soleil est de - 23° (voir les courbes des pages 44 et 99). Il "émerge" de son point le plus bas au solstice d'hiver.

Suivons l'astre du jour tandis que la nature commence à s'éveiller. À l'équinoxe de printemps, la courbe du Soleil coupe l'équateur (p. 101): le jour et la nuit sont de même durée. Sa déclinaison devient positive, la température s'élève peu à peu, la sève monte dans les végétaux, les fleurs s'épanouissent.

Le Soleil atteint son point maximal au solstice d'été, + 23°26' (p. 104) avant d'amorcer sa descente, de franchir à nouveau l'équateur à l'équinoxe d'automne (p. 107) et de retrouver son niveau le plus bas au solstice d'hiver, - 23°26' (p. 110).

Sa marche régulière, identique chaque année, règle son temps de présence au-dessus de nous, son rayonnement, la température, la montée de la sève.

La Lune

La Lune poursuit son mouvement habituel toujours différent d'une année à l'autre, par rapport à la Terre, au Soleil et au plan de l'équateur, apportant de nombreuses variations. La Lune poursuit son mouvement habituel toujours différent d'une année à l'autre, par rapport à la Terre, au Soleil et au plan de l'équateur, apportant de nombreuses variations. Descendante les premiers jours de l'année, elle arrive le 7 janvier au lunistice inférieur devant les constellations du Scorpion et du Sagittaire avant de remonter, de franchir l'équateur le 13, d'atteindre le lunistice supérieur devant le Taureau et les Gémeaux le 20. Il s'écoule bien entendu 13 jours, 18 heures entre les deux lunistices et les deux passages à l'équateur (le 13 et le 28), le cycle complet étant de 27 jours et 7 heures.

Les changements de temps, s'ils doivent avoir lieu, se produisent habituellement aux lunistices et plus particulièrement le troisième jour.

Prenons un exemple

Notez bien le temps qu'il fait "dans votre jardin", les 7, 8 et 9 janvier et plus particulièrement le 9.

• S'il fait beau, si le vent vient du bon côté, il devrait faire beau et froid (puisque nous sommes en hiver) jusqu'au 19-20 janvier.

• Si le beau temps est couvert le 9, le ciel devrait rester gris durant les 11 jours suivants.

• Si le temps est variable le 9, un temps changeant avec nuages, pluies et éclaircies devrait s'établir.

Ajoutons que les jours où la Lune coupe l'équateur (le 13 et le 28), de légères perturbations peuvent se produire.

Aucun système n'est infaillible en météorologie. Essayez celui-ci. Gageons qu'il vous aidera.

* déclinaison : distance d'un astre au plan de l'équateur céleste (ligne horizontale à 0° sur les graphiques).

COMMENT UTILISER LES COURBES SOLI-LUNAIRES ?

Les graphiques soli-lunaires suivants sont gradués tous les cinq degrés. Le 0° figure l'équateur. Les déclinaisons sont positives au-dessus, négatives au-dessous. Pour avoir les graphiques de l'hémisphère Sud, il vous suffit de retourner le tableau.

• Les dates, phases lunaires, nœuds, périgées, apogées sont portés en haut.

• Vous trouvez la courbe du Soleil en noir, celle de la Lune en bleu.

• À l'image de l'exemple ci-joint, notez chaque jour vos remarques : couleur du ciel, pluie, soleil, beau, variable, direction du vent, température minimale de la nuit, maximale du midi solaire.

Plus vous serez précis, plus vos prévisions seront justes, votre plaisir renouvelé à l'écoute de la campagne et des mouvements du ciel.

Votre carnet de bord constitue un document sur votre météo locale fort utile à votre expérience de jardinier. Il vous servira d'une année sur l'autre, enrichira votre expérience et vous permettra de mieux planifier vos travaux saisonniers et quotidiens.

Exemple d'utilisation des courbes

Chaque tableau des courbes mensuelles comporte des divisions journalières pour vous permettre de noter les dominantes climatiques que vous constatez. Vous constituez ainsi un petit journal de la météo chez vous.

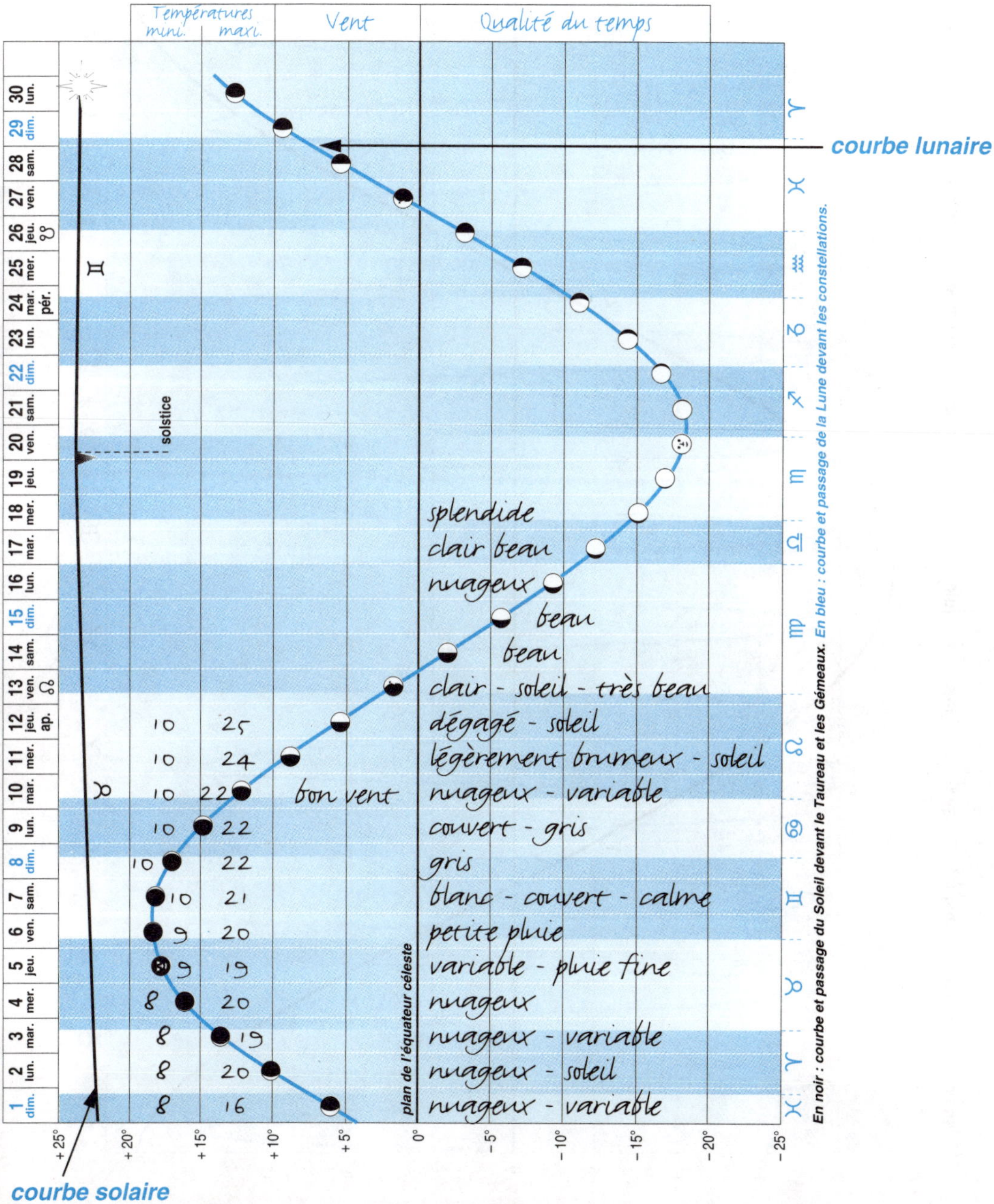

Courbe annuelle soli-lunaire

Ce schéma vous permet de visualiser la grande courbe annuelle du Soleil, les petites courbes mensuelles de la Lune, les mouvements ascendants, le printemps, les périodes des semis (1) et les mouvements descendants, l'automne (2), les périodes des travaux de la terre, des repiquages, des plantations.

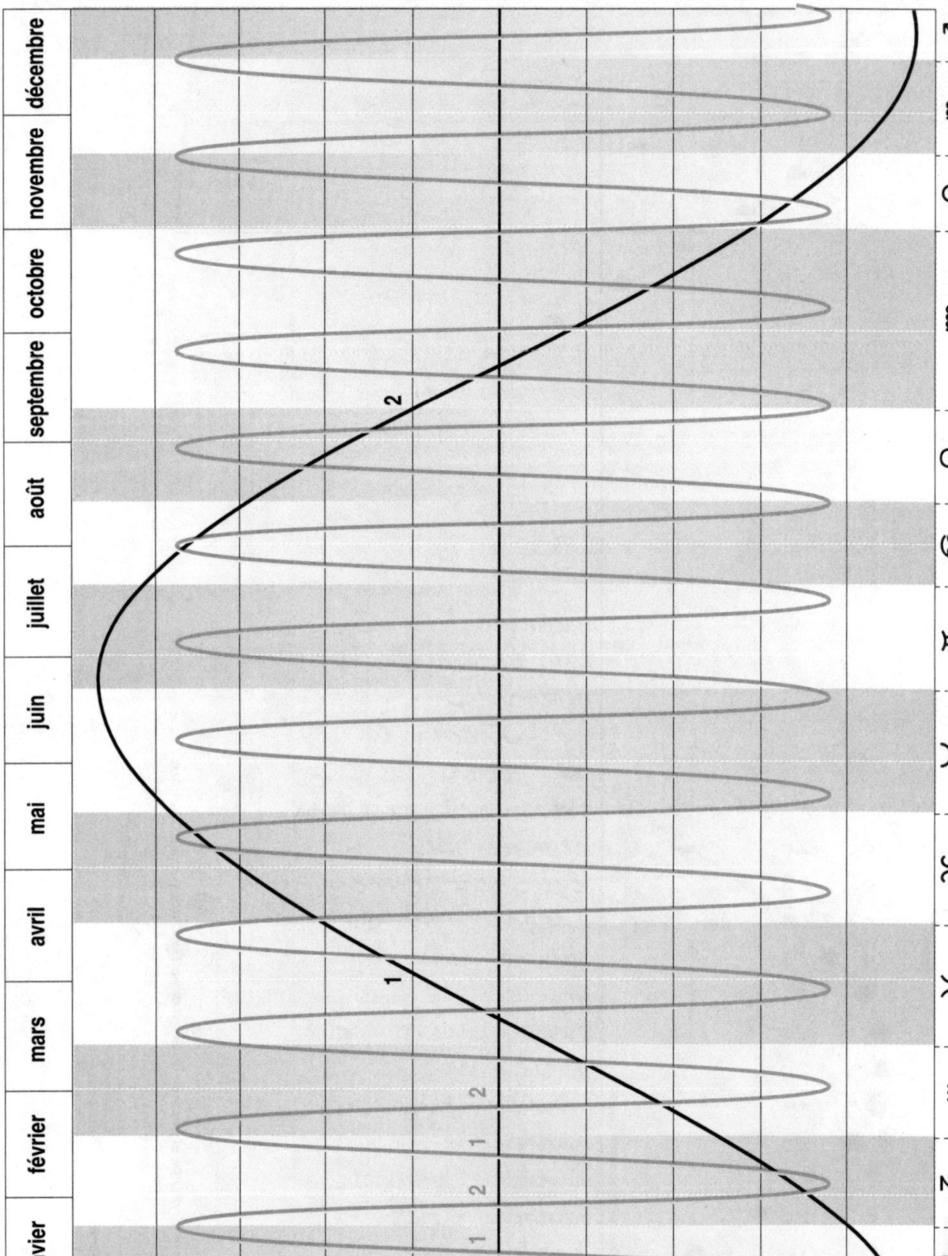

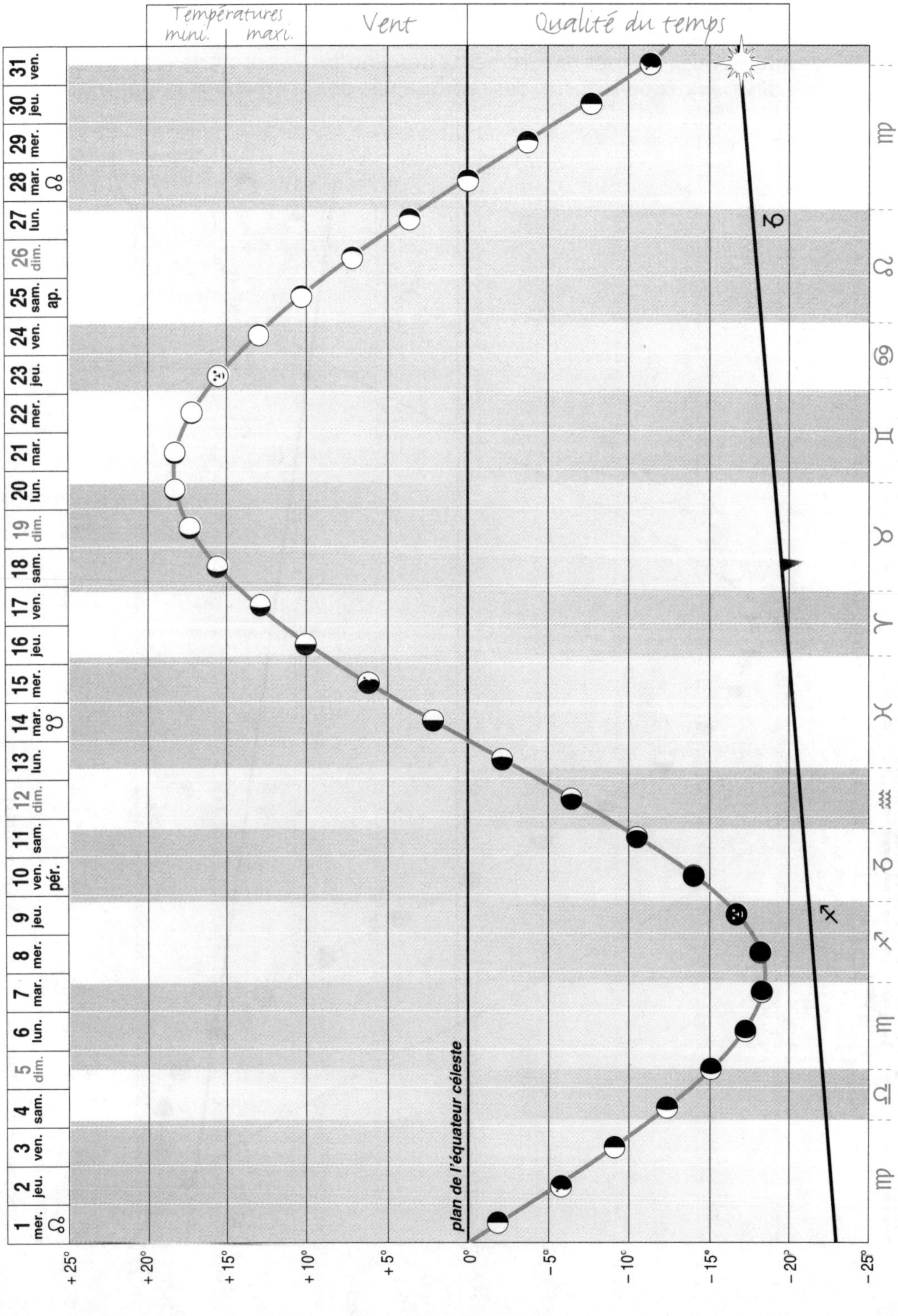

En noir : courbe et passage du Soleil devant le Sagittaire et le Capricorne. *En bleu : courbe et passage de la Lune devant les constellations.*

Février

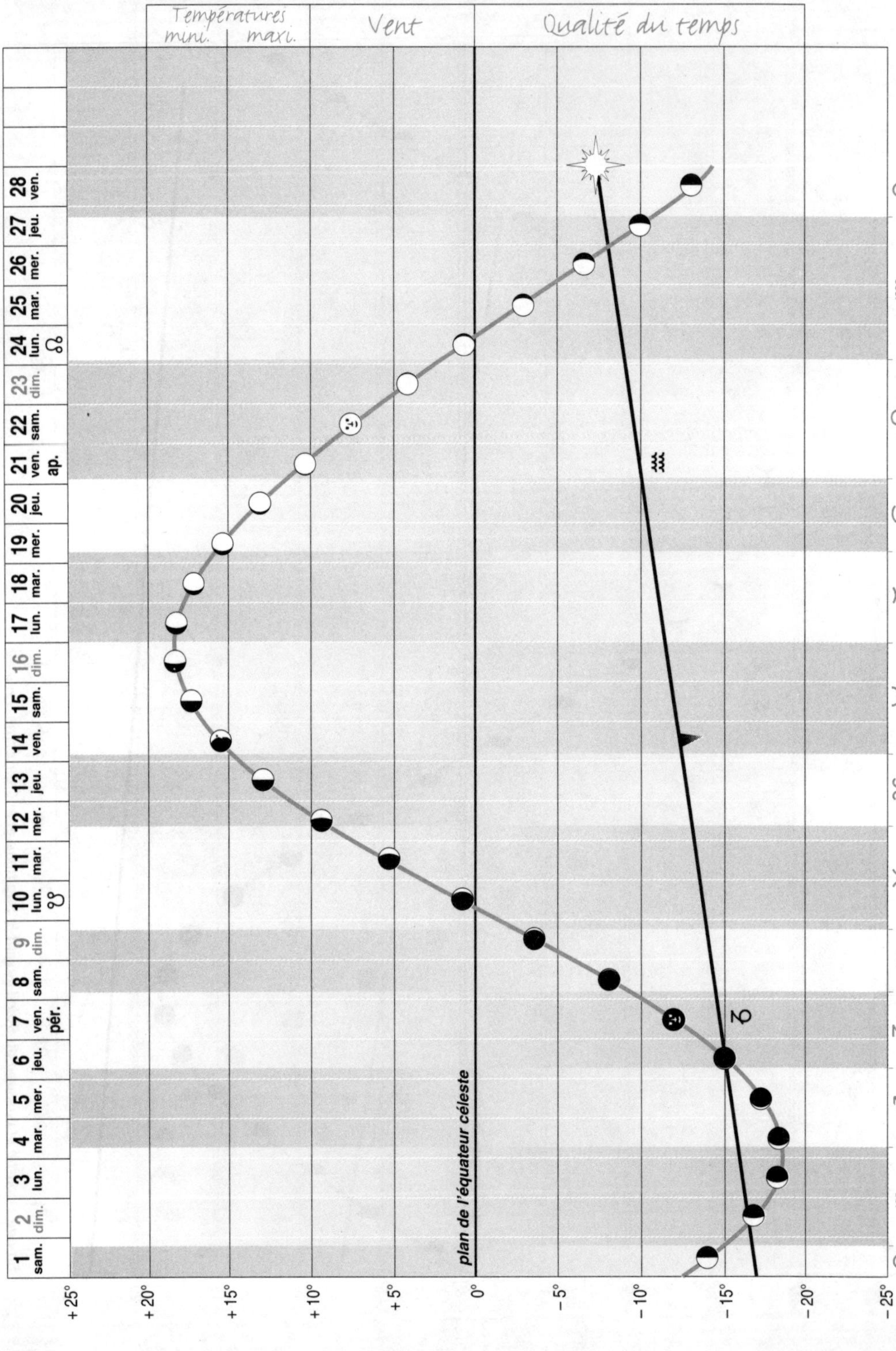

En noir : courbe et passage du Soleil devant le Capricorne et le Verseau. En bleu : courbe et passage de la Lune devant les constellations.

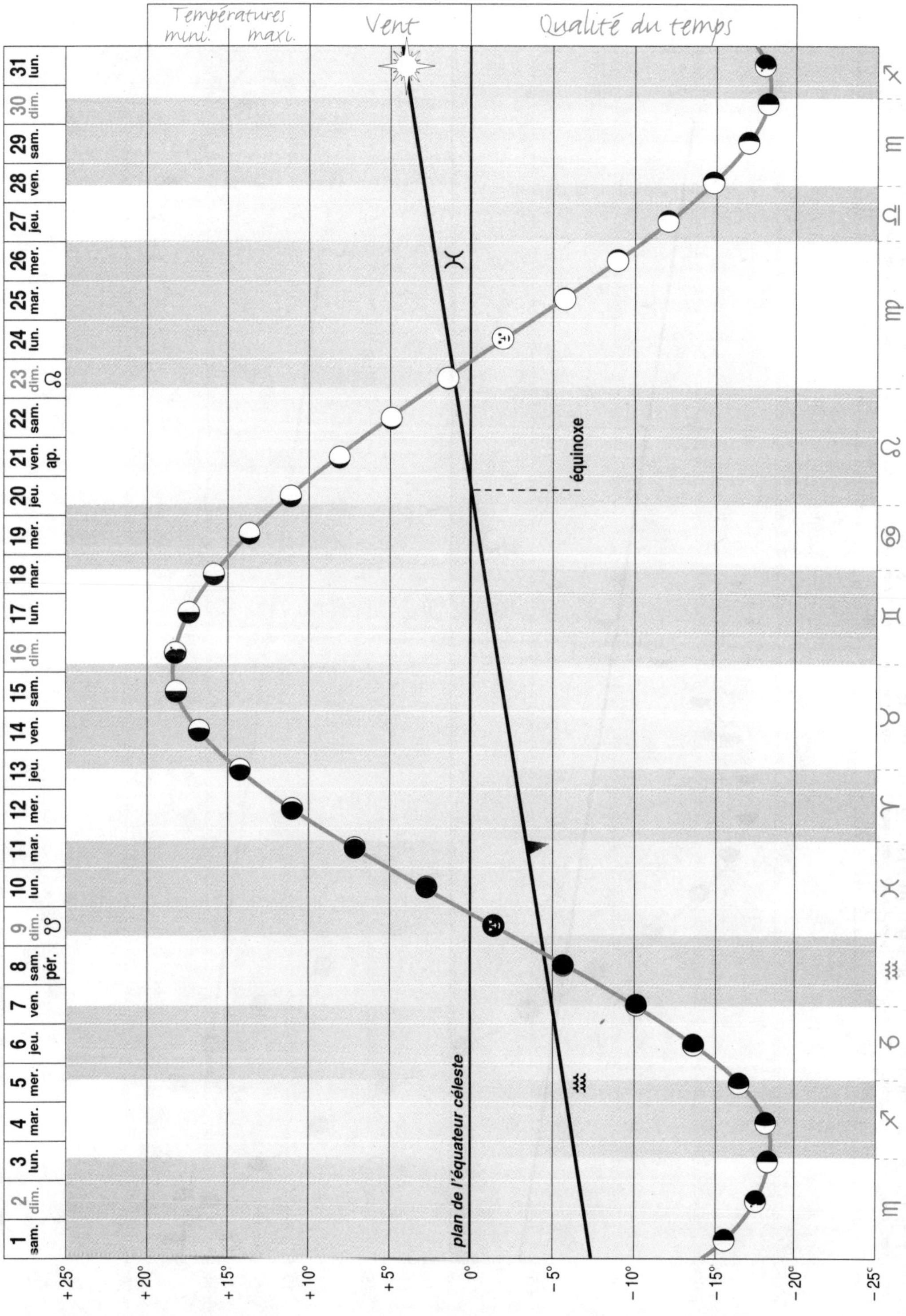

En noir : courbe et passage du Soleil devant le Verseau et les Poissons. En bleu : courbe et passage de la Lune devant les constellations.

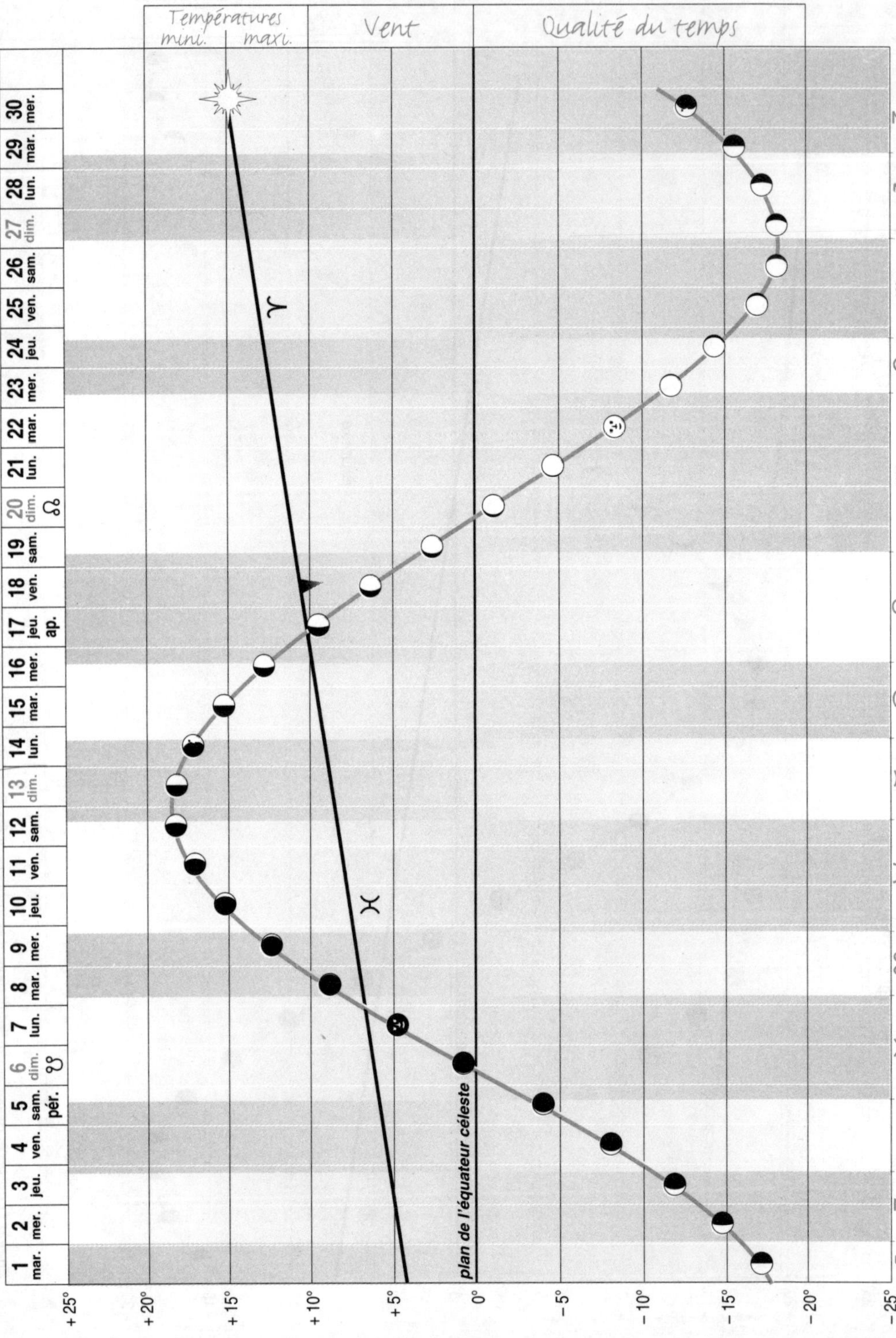

En noir : courbe et passage du Soleil devant les Poissons et le Bélier. En bleu : courbe et passage de la Lune devant les constellations.

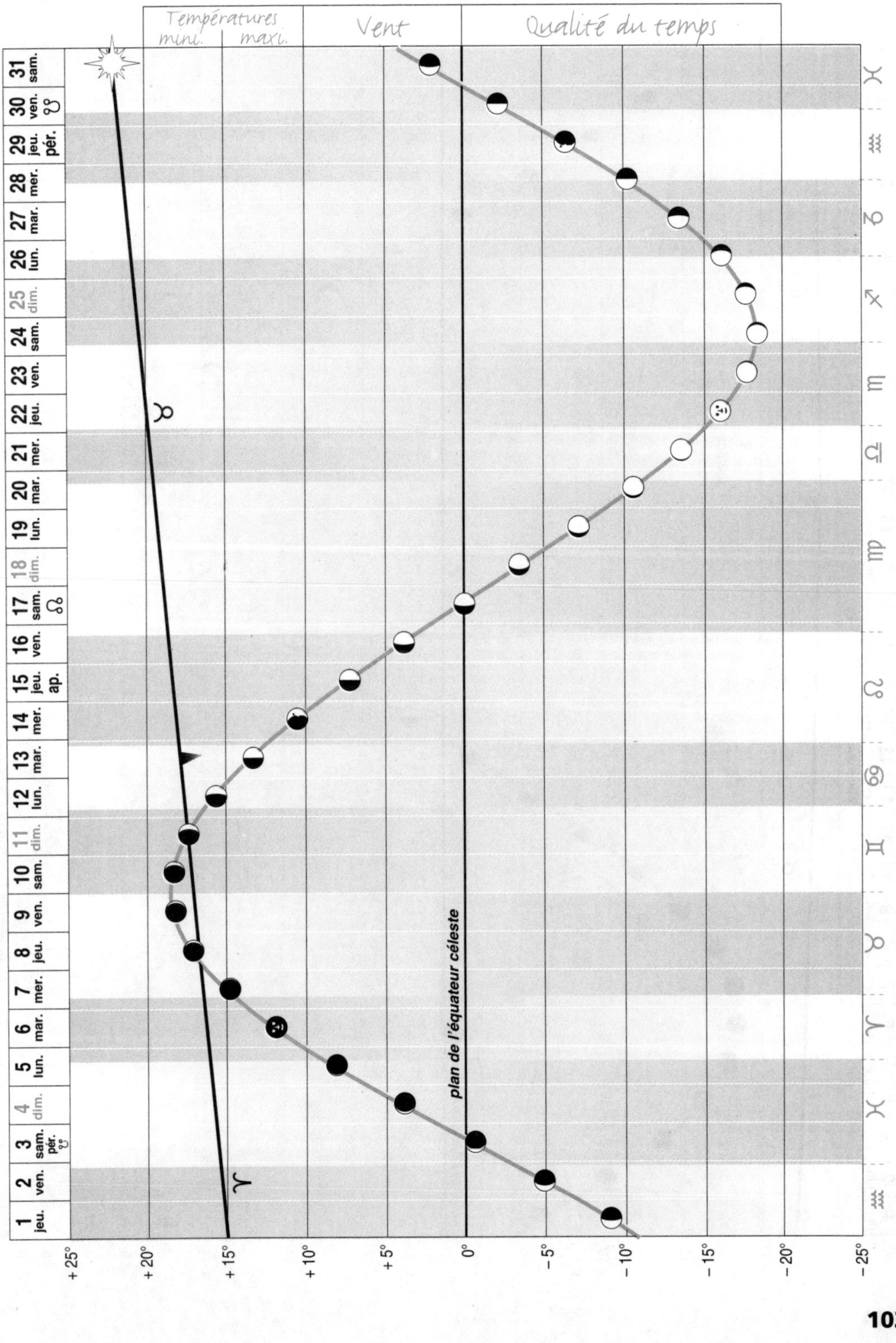

En noir : courbe et passage du Soleil devant le Bélier et le Taureau. En bleu : courbe et passage de la Lune devant les constellations.

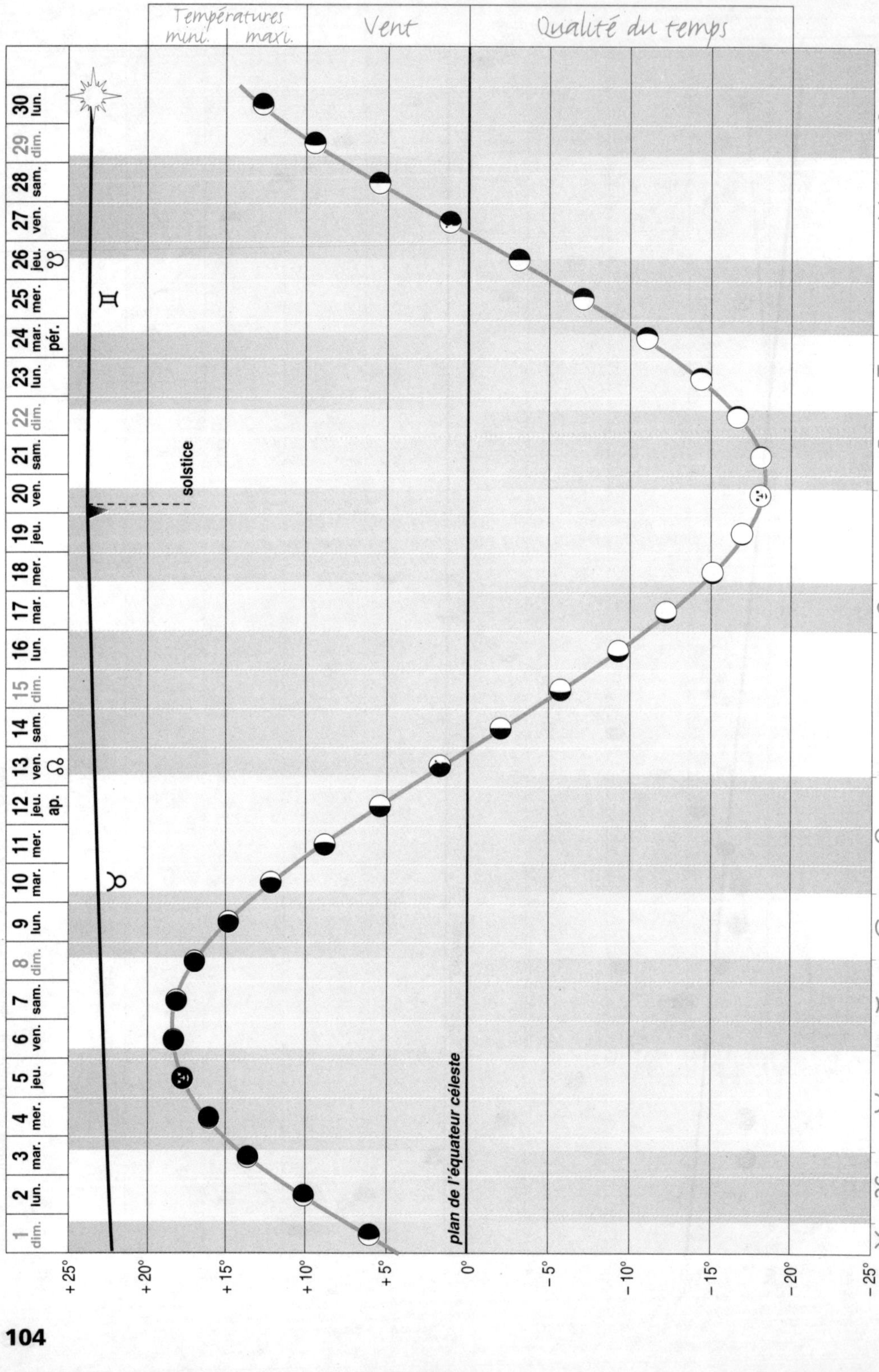

En noir : courbe et passage du Soleil devant le Taureau et les Gémeaux. *En bleu : courbe et passage de la Lune devant les constellations.*

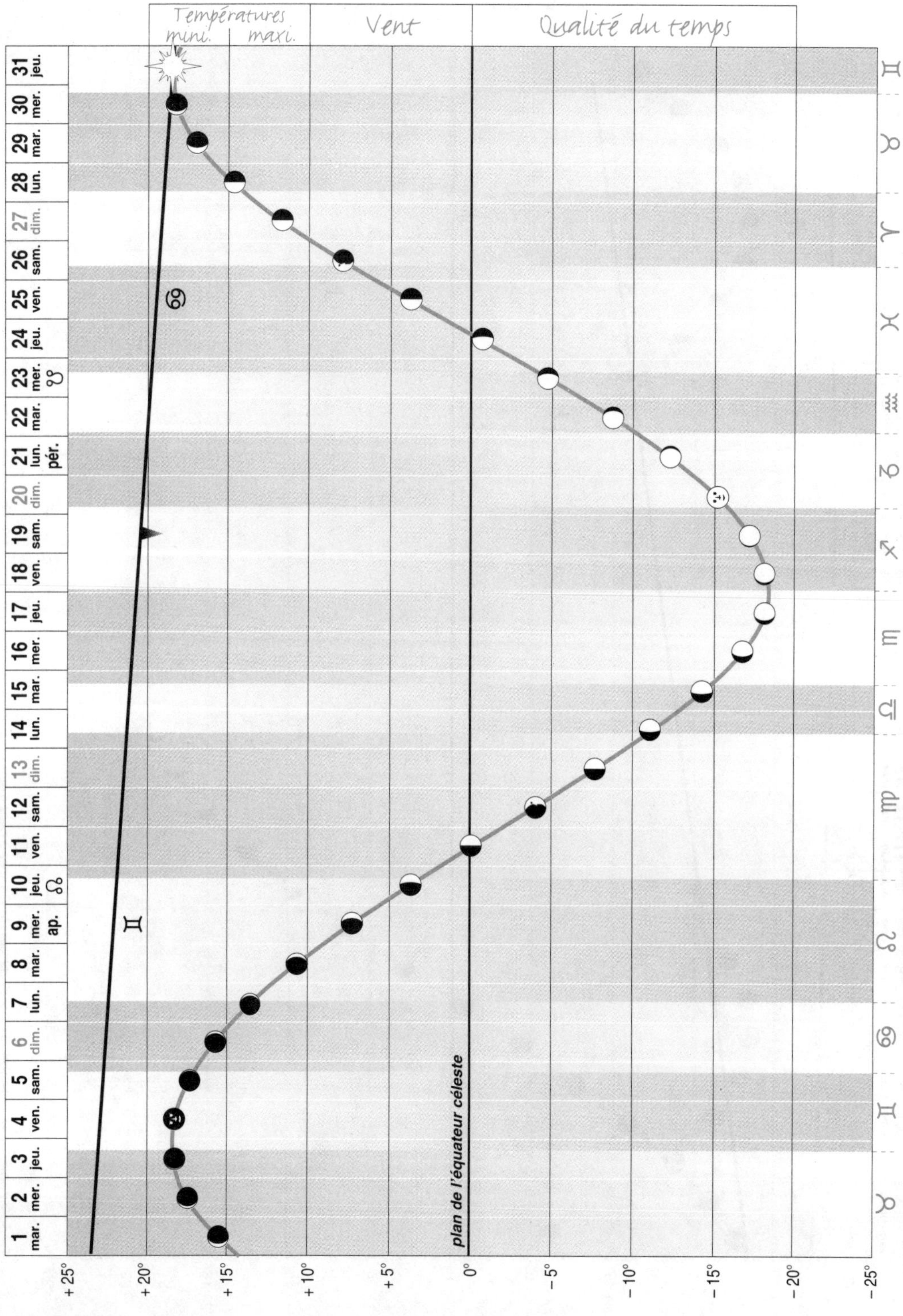

En noir : courbe et passage du Soleil devant les Gémeaux et le Cancer. En bleu : courbe et passage de la Lune devant les constellations.

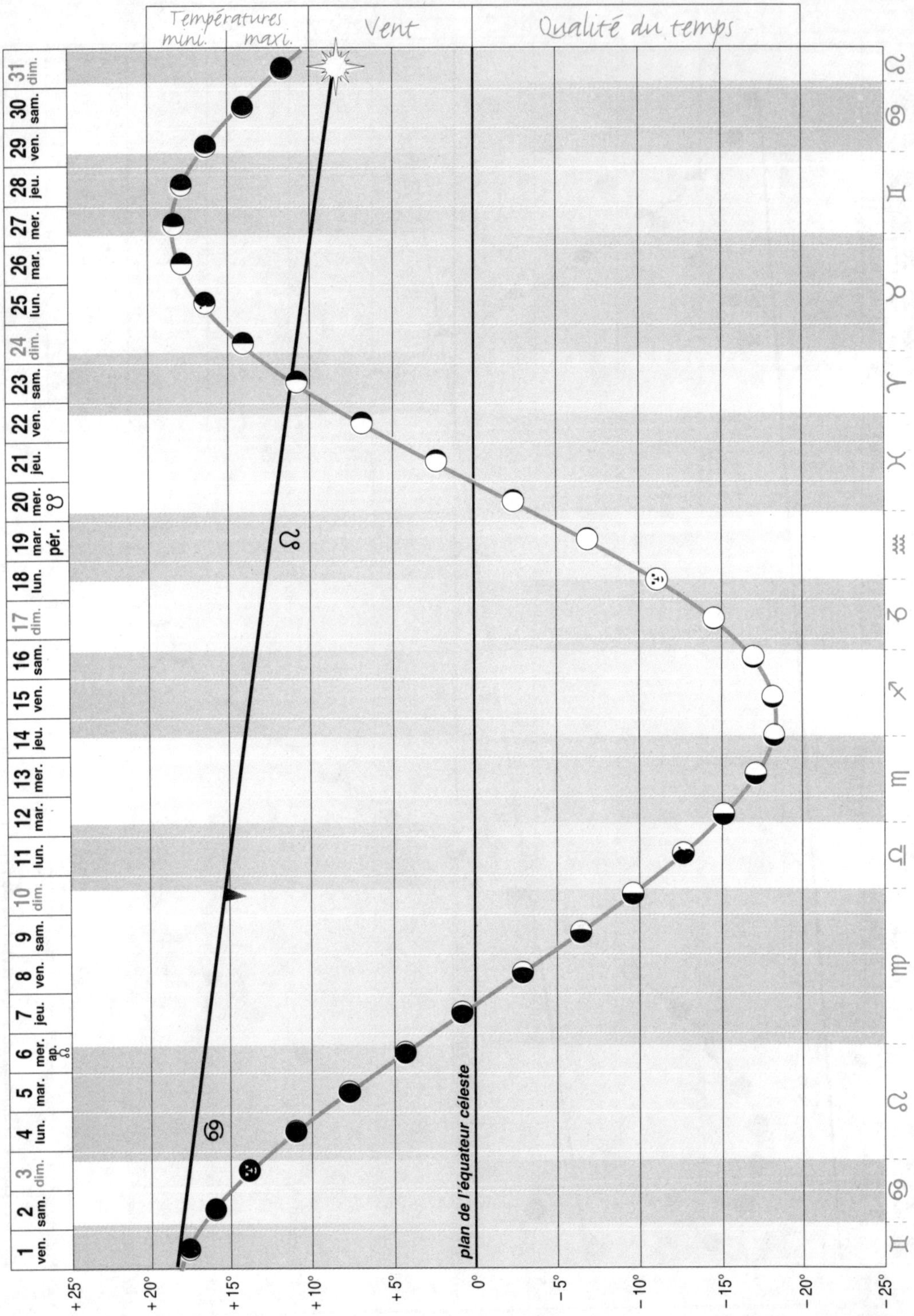

En noir : courbe et passage du Soleil devant le Cancer et le Lion. En bleu : courbe et passage de la Lune devant les constellations.

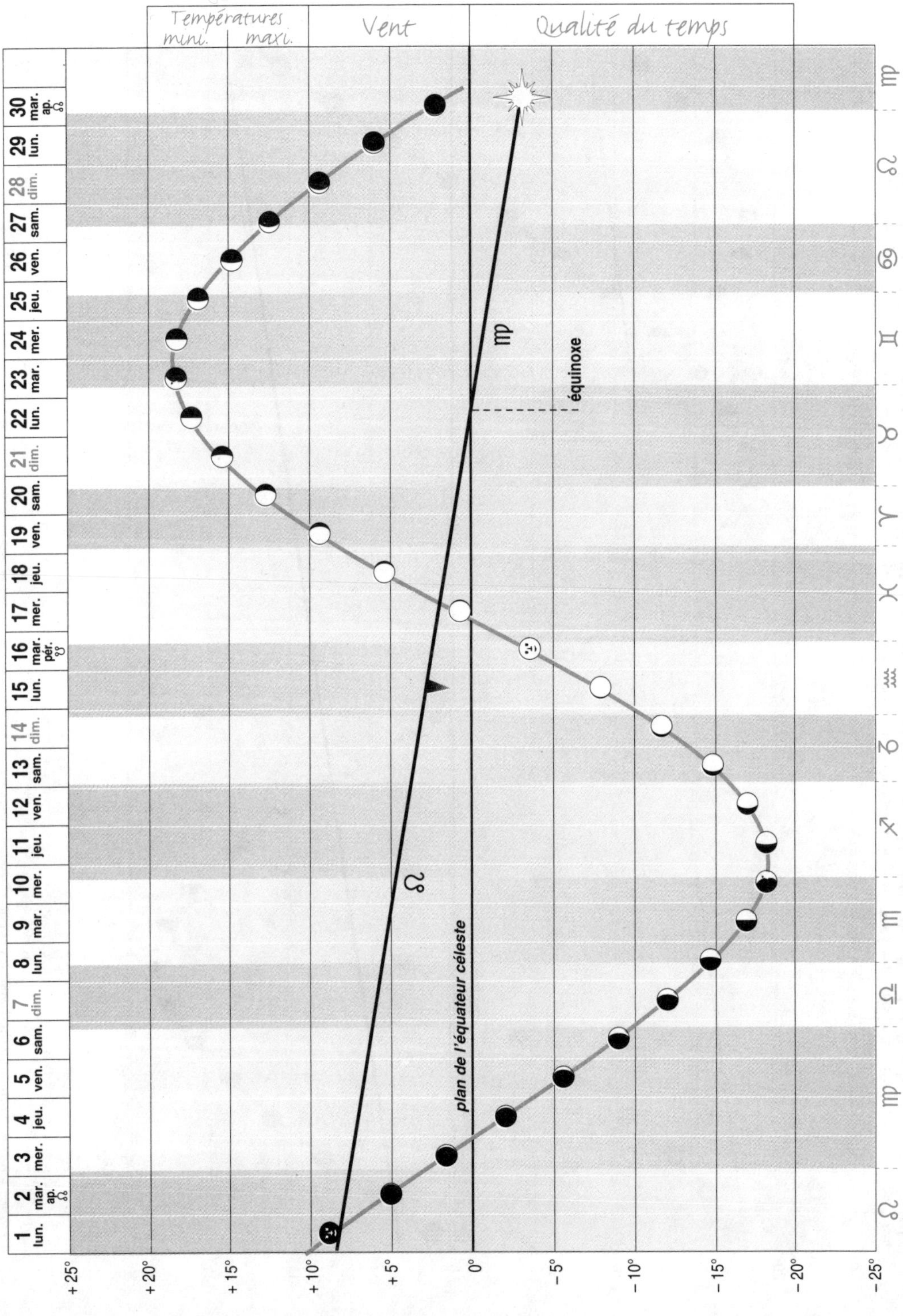

En noir : courbe et passage du Soleil devant le Lion et la Vierge. En bleu : courbe et passage de la Lune devant les constellations.

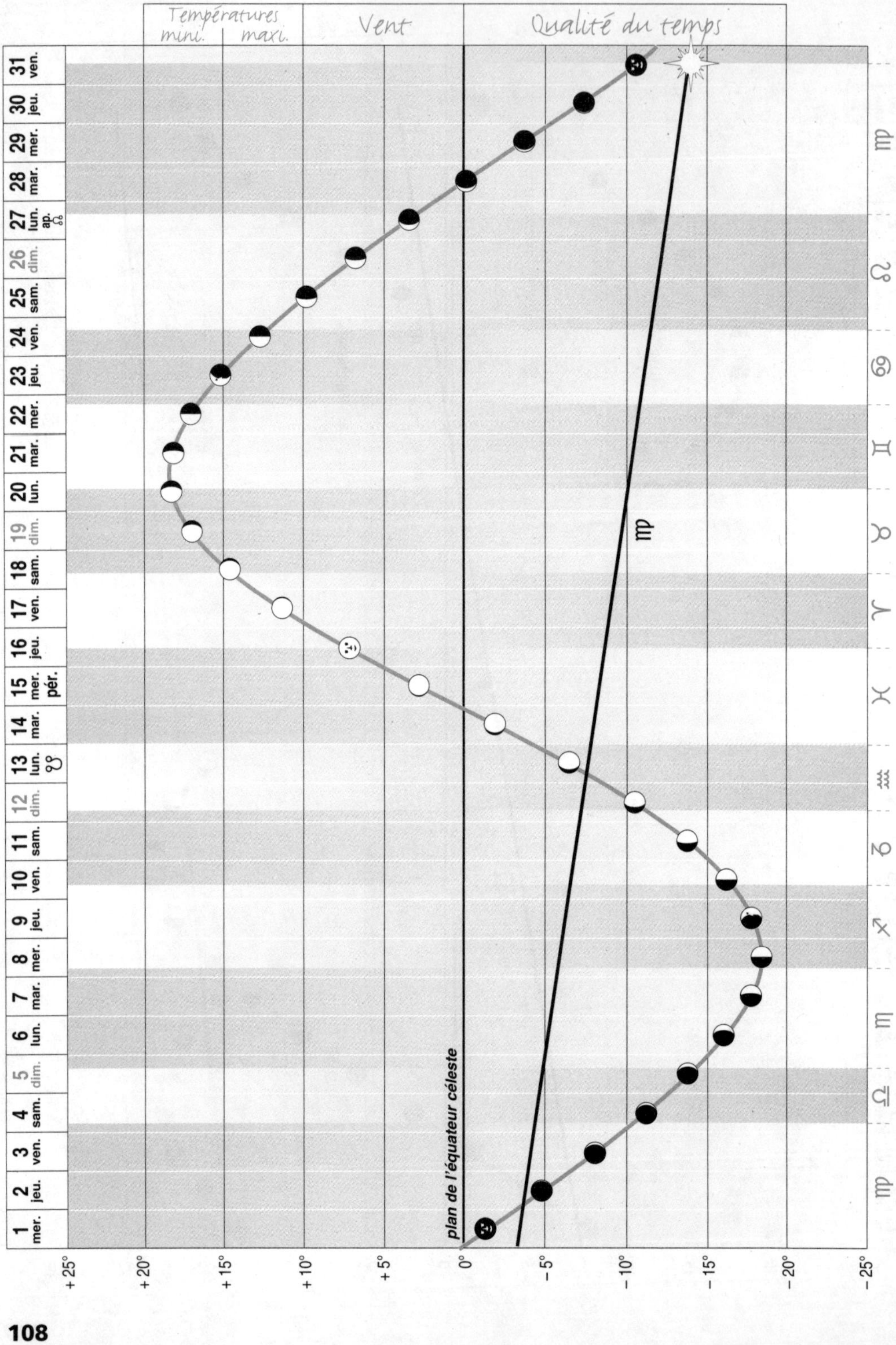

En noir : courbe et passage du Soleil devant la Vierge. *En bleu : courbe et passage de la Lune devant les constellations.*

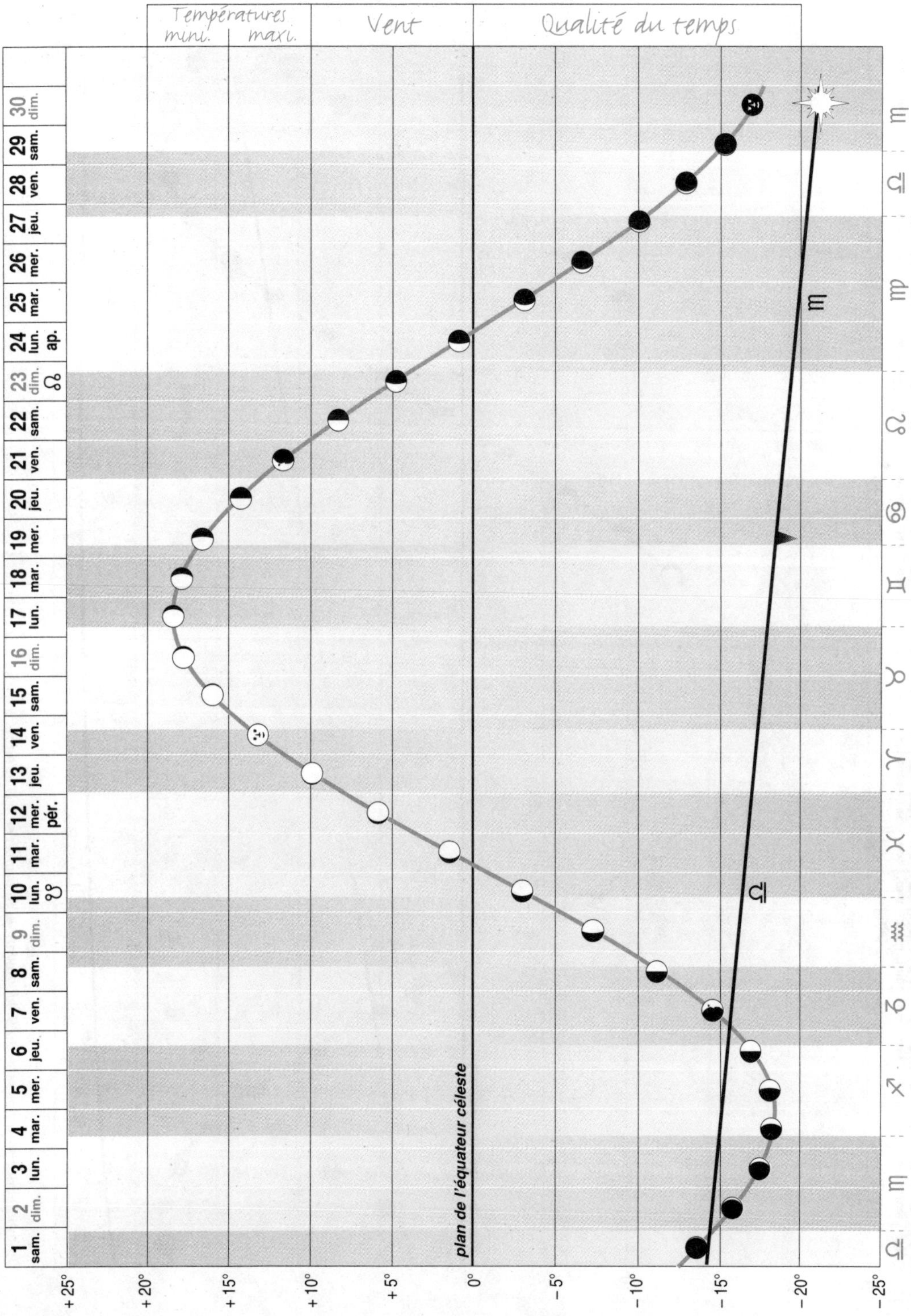

En noir : courbe et passage du Soleil devant la Balance et le Scorpion. En bleu : courbe et passage de la Lune devant les constellations.

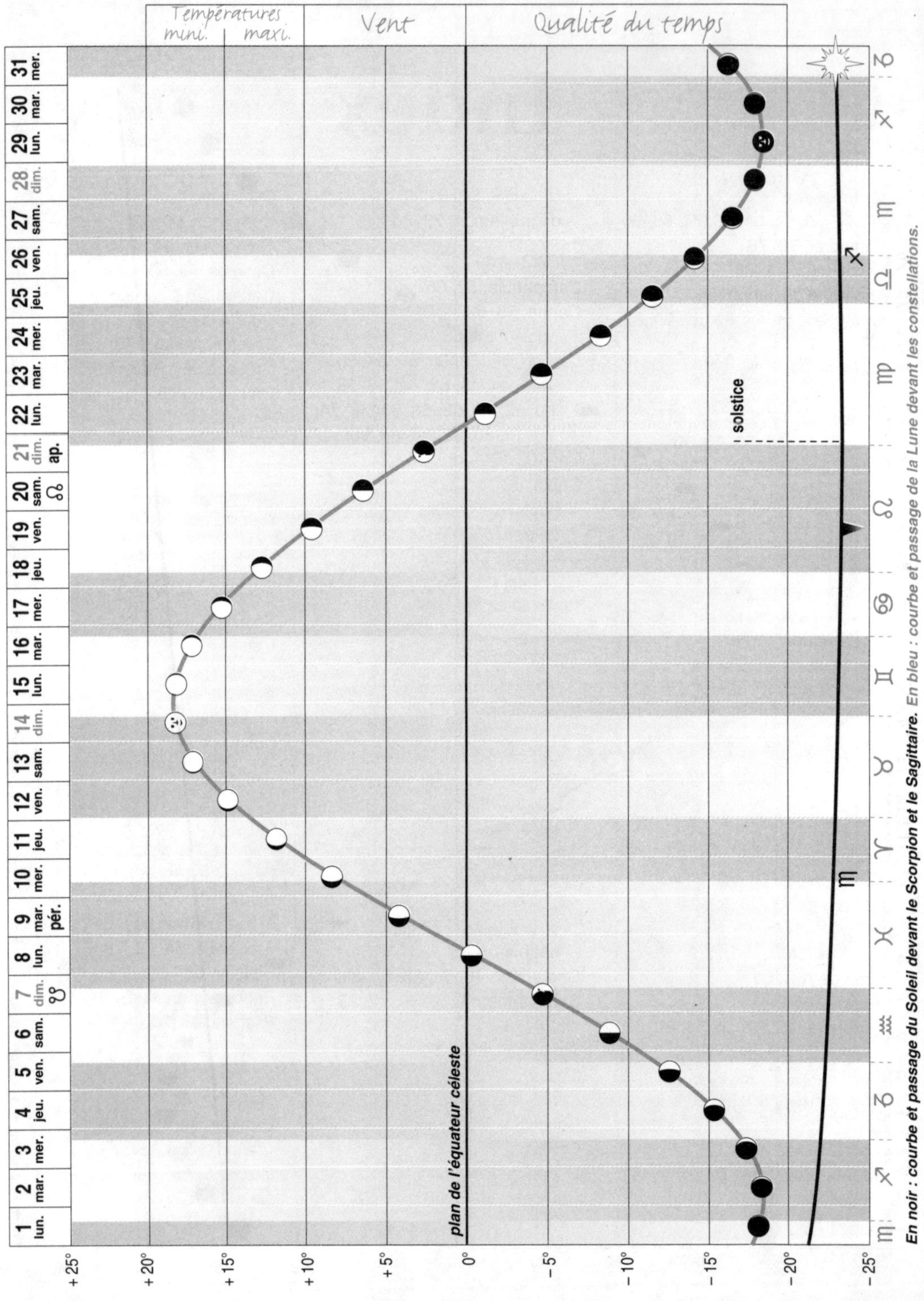
Températures
mini.
maxi.
Vent
Qualité du temps
1 lun.
2 mar.
3 mer.
4 jeu.
5 ven.
6 sam.
7 dim. ☊
8 lun.
9 mar. pér.
10 mer.
11 jeu.
12 ven.
13 sam.
14 dim.
15 lun.
16 mar.
17 mer.
18 jeu.
19 ven.
20 sam. ☋
21 dim. ap.
22 lun.
23 mar.
24 mer.
25 jeu.
26 ven.
27 sam.
28 dim.
29 lun.
30 mar.
31 mer.
+25°
+20°
+15°
+10°
+5°
0°
−5°
−10°
−15°
−20°
−25°
plan de l'équateur céleste
solstice
♏ ♐ ♑ ♒ ♓ ♈ ♉ ♊ ♋ ♌ ♍ ♎ ♏ ♐ ♑
♏
♐
En noir : courbe et passage du Soleil devant le Scorpion et le Sagittaire. En bleu : courbe et passage de la Lune devant les constellations.

Index

INDEX

2000	Janvier (01)	Février (02)	Mars (03)	Avril (04)	Mai (05)	Juin (06)
1	S NOUVEL AN	M	M	S	L FÊTE DU TRAVAIL	J ASCENSION
2	D Epiphanie	M	J	D	M 18	V
3	L 1	J	V	L 14	M	S
4	M	V	S	M	J	D
5	M	S	D Fête des Grands Mères	M	V	L 23
6	J	D	L	J	S	M
7	V	L 6	M Mardi-Gras 10	V	D	M
8	S	M	M Cendres	S	L FIN DE LA GUERRE 39-45 EN EUROPE	J
9	D	M	J	D	M 19	V
10	L 2	J	V	L 15	M	S
11	M	V	S	M	J	D PENTECÔTE
12	M	S	D	M	V	L DE PENTECÔTE
13	J	D	L	J	S C. Thra	M 24
14	V	L 7	M 11	V	D	M
15	S	M	M	S	L 20	J
16	D	M	J	D Rameaux	M	V
17	L 3	J	V	L 16	M	S ST
18	M	V	S ST	M	J	D Fête des Pères
19	M	S	D	M	V	L 25
20	J	D	L	J	S	M
21	V	L 8	M 12	V Vendredi Saint	D	M
22	S C. Bille	M	M	S	L 21	J
23	D	M	J	D PÂQUES	M	V
24	L 4	J	V	L DE PÂQUES	M	S
25	M	V	S	M 17	J	D
26	M	S	D	M	V	L 26
27	J	D	L 13	J	S	M
28	V	L 9	M	V	D Fête des Mères	M
29	S	M	M	S	L 22	J
30	D		J Mi-Carême	D	M	V
31	L 5		V		M	

2000	Juillet (07)	Août (08)	Septembre (09)	Octobre (10)	Novembre (11)	Décembre (12)
1	S	M 31	V	D	M TOUSSAINT	V
2	D	M	S	L 40	J Trépassés	S
3	L 27	J	D	M	V	D
4	M	V	L 36	M	S	L
5	M	S	M	J	D	M 49
6	J	D	M	V	L 45	M
7	V	L	J	S	M	J
8	S	M 32	V	D	M	V
9	D	M	S	L 41	J	S
10	L 28	J	D	M	V	D
11	M	V	L 37	M	S ARMISTICE	L
12	M	S	M	J	D	M 50
13	J	D	M	V	L 46	M
14	V FÊTE NATIONALE	L 33	J	S	M	J
15	S	M ASSOMPTION	V	D	M	V
16	D	M	S	L 42	J	S
17	L 29	J	D	M	V	D
18	M	V	L 38	M	S	L
19	M	S	M	J	D	M 51
20	J	D	M	V	L 47	M
21	V	L 34	J	S	M	J
22	S	M	V	D	M	V
23	D	M	S	L 43	J	S
24	L	J	D	M	V	D
25	M 30	V	L 39	M	S	L NOËL
26	M	S	M	J	D	M 52
27	J	D	M	V	L 48	M
28	V	L 35	J	S	M	J
29	S	M	V	D	M	V
30	D	M	S	L 44	J	S
31	L	J		M		D